Obst- und Blechkuchen

Hinweis

Backofentemperaturen

Die Backofentemperaturen in diesem Buch beziehen sich auf einen Elektroherd mit Ober- und Unterhitze. Falls Sie mit Umluft arbeiten, reduzieren Sie die Temperatur um 20 °C.

Bildnachweis

Studio Klaus Arras: S. 8 und 225

Fotostudio Brauner: S. 42

TLC Fotostudio: alle übrigen Fotos

Obst- und Blechkuchen

Fruchtig, fein und vielseitig

Inhalt

Einleitung

Obst- und Blechkuchen

Backen ist Entspannung. Backen ist Leidenschaft. Backen ist Lebensfreude. Tun Sie sich also etwas Gutes – backen Sie mal wieder! Mit den Rezepten dieses Buches ist das nicht schwer, denn bei der Zusammenstellung wurde der Schwerpunkt nicht auf komplizierte Techniken gelegt sondern auf Geschmack, Kreativität und Pfiff. So kommen die Rezepte modern, fruchtig und frisch daher und haben allesamt das Zeug zu potenziellen Lieblingskuchen – ganz besonders, da es sich um Obst- und Blechkuchen handelt. Beides sind absolute Lieblinge der Backstuben! Abwechslungsreich, saftig und süß die einen, praktisch für die große Kaffeetafel, köstlich und äußerst vielseitig die

anderen – da schlägt das Herz jeder Naschkatze höher!

Da die Rezepte allesamt Schritt für Schritt erklärt werden und jedes Rezept mit anschaulichem Foto bebildert ist, ist das Nachbacken ein Kinderspiel. Doch warum will manchmal trotzdem der Hefeteig nicht aufgehen? Warum schlägt der Mürbeteig plötzlich Wellen? Und was ist bitte mit dem Eigelb los, das partout nicht schaumig werden möchte? Es folgen in alphabetischer Reihenfolge ein paar Tipps und Tricks, die Ihnen das Backen erleichtern sollen.

Eischnee: Er gelingt am besten, wenn zuerst das Eiweiß gut angeschlagen wird und erst dann der Zucker dazukommt. Dann wird weitergeschlagen, bis sich die Zuckerkristalle aufgelöst haben. Außerdem ist darauf zu achten, dass absolut kein Eigelb beim Eiertrennen zum Eiweiß gelangt ist – sonst wird es einfach nicht mehr steif. Besonders schnell gelingt das Schlagen von Eiweiß zu Eischnee, wenn Eiklar, Quirl und Rührschüssel schön kalt sind und wenn 1 Prise Salz oder ein paar Tropfen Zitronensaft zum Eiklar gegeben werden.

Beeren: Die Beeren immer als Erstes vorsichtig waschen und abtropfen lassen. Erst dann sollten sie geputzt bzw. von den Stielen befreit werden. Würde man in umgekehrter Reihenfolge vorgehen, so könnte durch die kleinen Öffnungen Wasser eindringen und Saft austreten. Beides schmälert das Beerenaroma.

Eigelb: Damit Eigelb mit Zucker tatsächlich luftig, cremig und hellgelbköstlich aufgeschlagen werden kann, müssen Quirl und Rührschüssel absolut fettfrei sein.

Hefeteig: Die Scheu, die manche Menschen vor der Hefeteigzubereitung haben, ist völlig unbegründet – denn es kann eigentlich gar nichts schiefgehen, wenn man ein paar Kleinigkeiten beachtet. Alle Zutaten müssen zimmerwarm sein – d. h. Eier und Butter sollten früh genug aus dem Kühlschrank genommen werden. Die Milch, die stets im erwärmten Zustand hinzukommt, sollte nicht zu heiß sein. Lauwarm ist die ideale Temperatur. Wenn dann alle Zutaten vermischt sind, gibt es nur noch wenig zu beachten: Der Teig sollte mit einem feuchten Küchentuch gut abgedeckt und windgeschützt an einem warmen Ort in Ruhe gehen können. Das kann zum Beispiel der Backofen sein, der durch das eingeschaltete Backofenlämpchen minimal erwärmt ist. Hefeteig hält sich gut eine Nacht im Kühlschrank, fertiges Hefegebäck kann auch gut eingefroren werden. Einfach frisches Hefeteiggebäck auskühlen lassen und sofort in einem Gefrierbeutel ins Tiefkühlfach legen. Vor dem Verzehr sollte es sanft auftauen und kann dann kurz im Ofen aufgebacken werden.

Mürbeteig: Damit Mürbeteig perfekt gelingt, braucht es nicht viel. Die Butter sollte schön kalt sein, wenn sie mit Mehl, Zucker, 1 Prise Salz und Ei zügig verknetet wird, dann kann eigentlich nichts mehr schiefgehen. Außerdem:

Man muss so lange kneten, bis der Teig eine homogene Masse ist, also schön kompakt und nicht bröselig – dann allerdings aufhören. Das heißt: So lange kneten wie nötig, so kurz wie möglich. Im Anschluss braucht Mürbeteig etwa 30 Minuten Ruhe. Wenn der Teig in der Form ist, sollte er vor dem Vorbacken oder Befüllen mit einer Gabel mehrere Male eingestochen werden. Damit wird verhindert, dass der Teig Blasen wirft. Mürbeteig hält sich gut zwei Tage im Kühlschrank.

Obst: Am besten schmeckt saisonales, sonnengereiftes Obst in Bio-Qualität. Und wenn Sie im Winter Beerenkuchen backen möchten, greifen Sie besser auf

Tiefkühlware zurück als auf eingeflogene geschmacksarme Züchtungen.

Rührteig: Für perfekten Rührteig braucht es nicht viel – nur Geduld und zimmerwarme Zutaten. Letztere sind die Voraussetzung dafür, dass sich alles gut verbindet. Geduld ist angesagt, wenn die Eier einzeln unter die Butter-Zucker-Mischung gerührt werden. Jedes Ei sollte rund 30 Sekunden untergequirlt werden, bevor das nächste hinzugegeben wird. Sobald dann die Mehl-Backpulver-Mischung im Teig ist, sollte der Teig dann auch zügig in den Ofen. Gut zu wissen: Wird erst die Butter mit dem Zucker verquirlt und kommen dann die Eier hinzu, so wird der Teig besonders zart. Werden erst Eier und Zucker schaumig gequirlt und kommt dann die flüssige Butter hinzu, so wird der Teig besonders saftig. Werden die Eier getrennt und das Eiweiß geschlagen und zum Schluss untergehoben, so wird der Teig besonders luftig.

Nun wünschen wir Ihnen jedoch viel Spaß mit unserem Buch, beim Backen und natürlich beim Naschen!

Rührteig

Apfelkuchen
mit Schmandguss

Für 20 Stücke
(Backblech ca. 30 x 40 cm)

Für den Teig
5 Eier, 1 Prise Salz
190 g Butter
225 g Zucker
225 g Mehl

Für den Belag
1 kg Äpfel
etwas Zitronensaft
500 ml Milch
50 g Zucker
1 P. Vanillepuddingpulver
1 Ei, 1 Eigelb

Außerdem
250 g Schmand
50 g Zucker
2 P. Vanillezucker
3 Eier
Zucker zum Bestreuen

Zubereitungszeit: ca. 50 Minuten
(plus Backzeit)
Pro Stück ca. 308 kcal/1290 kJ

1 Den Backofen auf 175 °C vorheizen. Ein tiefes Backblech mit Backpapier auslegen. Die Eier trennen und das Eiweiß mit dem Salz steif schlagen. Bis zur weiteren Verwendung kalt stellen.

2 Die Butter in einem flachen Topf schmelzen und etwas abkühlen lassen. Eigelb mit Zucker cremig rühren. Das Mehl unterrühren, anschließend die flüssige Butter einrühren. Den Eischnee daraufgeben und unterheben.

3 Für den Belag die Äpfel schälen, halbieren, das Kerngehäuse entfernen und die Äpfel in Spalten schneiden. Mit Zitronensaft beträufeln. Aus Milch, Zucker und Puddingpulver nach Packungsanweisung einen Pudding kochen. Ei und Eigelb miteinander verquirlen und zügig unter den heißen Pudding rühren.

4 Den Teig auf das Backblech streichen. Zuerst den heißen Pudding, dann die Apfelspalten darauf verteilen.

5 Für den Guss Schmand, Zucker, Vanillezucker und Eier verrühren. Den Guss über die Äpfel geben und den Kuchen auf der unteren Schiene 40–45 Minuten backen. Den heißen Kuchen sofort mit Zucker bestreuen.

Heidelbeer-Gugel
mit Sauerrahm

Für 16 Stücke
(Gugelhupfform 2 l Inhalt)

Für den Teig
250 g Heidelbeeren
5 Eier
1 Prise Salz
250 g Zucker
250 g weiche Butter
2 P. Vanillezucker
300 g Mehl
100 g Speisestärke
1 P. Backpulver
250 g Sauerrahm
150 ml Sahne

Außerdem
große Heidelbeeren zum Verzieren
Puderzucker für den Guss
Butter und Mehl für die Form
Mehl zum Bestäuben

Zubereitungszeit: ca. 30 Minuten (plus Backzeit und Zeit zum Abkühlen)
Pro Stück ca. 356 kcal/1491 kJ

1 Den Backofen auf 180 °C vorheizen. Eine Gugelhupfform mit Butter ausstreichen und mit Mehl ausstäuben. Für den Teig die Heidelbeeren verlesen, kurz abbrausen, noch vorhandene Stiele entfernen, dann vorsichtig trocken tupfen.

2 Die Eier trennen. Eiweiß mit Salz anschlagen, dann 50 g Zucker dazurieseln lassen und sehr steif schlagen. Bis zur weiteren Verwendung kühl stellen.

3 Die Butter mit dem restlichen Zucker und dem Vanillezucker etwa 10 Minuten schaumig schlagen. Eigelb nach und nach unterrühren. Mehl mit Speisestärke und Backpulver mischen und auf die Masse sieben. Sauerrahm mit Sahne glatt rühren und dazugeben. Alles sorgfältig verquirlen. Dann den Eischnee unterheben. Zum Schluss die Heidelbeeren mit etwas Mehl bestäuben und unter den Teig heben.

4 Den Teig in die Form füllen und auf der zweiten Schiene von unten ca. 60 Minuten backen. Den Kuchen kurz in der Form ruhen lassen, dann auf ein Kuchengitter stürzen und vollständig auskühlen lassen.

5 Zum Verzieren die Heidelbeeren waschen, die Stiele entfernen und die Früchte trocken tupfen. Puderzucker mit wenig Wasser zu einem festen Guss verrühren, auf den Kuchen gießen und die Heidelbeeren oben auf den Kuchen kleben. Trocknen lassen.

Joghurtkuchen
mit Sauerkirschen

**Für 12 Stücke
(Springform 26 cm Ø)**

Für den Belag

500 g Sauerkirschen
1 El Speisestärke
40 g Zucker

Für den Rührteig

200 g zimmerwarme Butter
230 g Zucker
2 P. Vanillezucker
4 Eier
1 Tl abgeriebene Schale von 1 unbehandelten Zitrone
250 g Mehl
50 g Speisestärke
2 Tl Backpulver
1 Prise Salz
150 g griechischer Joghurt (10 %)

Außerdem

Puderzucker zum Bestäuben
Butter für die Form

Zubereitungszeit: ca. 30 Minuten (plus Backzeit)
Pro Stück ca. 376 kcal/1574 kJ

1 Für den Belag die Sauerkirschen waschen, trocken tupfen und entsteinen. Mit der Speisestärke und dem Zucker mischen. Den Backofen auf 160 °C vorheizen. Eine Springform mit Butter einfetten.

2 Für den Rührteig die Butter mit dem Zucker und dem Vanillezucker verquirlen. Die Eier nach und nach dazugeben und gut verquirlen. Die Zitronenschale unterrühren. Mehl, Speisestärke, Backpulver und Salz in einer Schüssel mischen. Esslöffelweise abwechselnd das Mehl und den Joghurt zur Butter-Ei-Masse geben und gut verquirlen.

3 Den Teig in die Springform gießen, die Kirschen darauf verteilen und den Kuchen auf der mittleren Einschubleiste ca. 60 Minuten backen. Herausnehmen, kurz ruhen lassen, dann den Springformrand lösen und den Kuchen vollständig erkalten lassen. Mit Puderzucker bestäubt servieren.

Ananas-Upside-down
mit Karamell

Für 12 Stücke (Springform 26 cm Ø)

Für den Teig

5 Eier
1 Prise Salz
190 g Butter
225 g Zucker
225 g Mehl

Für den Belag

7 Ananasscheiben aus der Dose
60 g weiche Butter
100 g brauner Zucker

Außerdem

Butter für die Form

Zubereitungszeit: ca. 35 Minuten (plus Backzeit)
Pro Stück ca. 382 kcal/1599 kJ

1 Den Backofen auf 175 °C vorheizen. Eine Springform einfetten. Für den Belag die Ananasscheiben abgießen und abtropfen lassen, den Saft dabei auffangen. Butter und braunen Zucker in einem Topf zu hellem Karamell kochen. In die Springform geben und die Ananasringe darauf arrangieren.

2 Für den Teig die Eier trennen und das Eiweiß mit Salz steif schlagen. Bis zur weiteren Verwendung kalt stellen. Die Butter in einem flachen Topf schmelzen und etwas abkühlen lassen. Eigelb mit Zucker aufschlagen. Das Mehl unterrühren, anschließend die flüssige Butter und 6 Esslöffel Ananassaft einrühren. Eischnee daraufgeben und unterheben.

3 Den Teig über die Ananas gießen und den Kuchen auf der mittleren Schiene ca. 50 Minuten backen. Den Kuchen in der Form auskühlen lassen und anschließend auf eine Kuchenplatte stürzen.

Tipp

Der Upside-down-Kuchen ist das amerikanische Pendant zu der französischen Tarte Tatin. Genauso wie bei dieser wird zunächst eine Karamellschicht in die Form gegeben, gefolgt von den Früchten und dem Teig. Nach dem Backen wird der Kuchen auf eine Tortenplatte gestürzt, sodass die Früchte dann oben sind.

Erdbeerkuchen

mit Kokos

Für 12 Stücke
(Springform 24 cm Ø)

Für den Rührteig
100 g Butter
80 g Zucker
3 Eier
1 Prise Salz
100 g Mehl
2 Tl Backpulver
80 g Kokosraspel
4 El Kokosmilch

Für den Belag
1 kg Erdbeeren
2 P. Tortenguss
80 g Zucker

Außerdem
150 ml Sahne
50 g Puderzucker
50 g Kokosraspel
Butter für die Form

Zubereitungszeit: ca. 45 Minuten
(plus Back- und Kühlzeit)
Pro Stück ca. 317 kcal/1329 kJ

1 Den Backofen auf 175 °C vorheizen. Eine Springform einfetten. Die Butter mit dem Zucker schaumig rühren. Die Eier trennen. Eigelb nach und nach zur Buttermasse rühren. Eiweiß mit Salz steif schlagen. Mehl mit Backpulver mischen und über die Buttermasse sieben. Mit den Kokosraspeln und der Kokosmilch unterrühren. Zum Schluss den Eischnee unterheben, erst ein Drittel, dann den Rest.

2 In die Springform füllen, glatt streichen und auf der mittleren Einschubleiste ca. 25 Minuten backen. Herausnehmen und auf einem Tortengitter abkühlen lassen.

3 Die Erdbeeren waschen und vorsichtig trocken tupfen. Je nach Größe halbieren oder vierteln. Den Boden auf eine Kuchenplatte legen, einen Tortenring darumstellen. 1 Päckchen Tortenguss mit 40 g Zucker und 250 ml Wasser glatt rühren, aufkochen und sofort auf den Boden gießen. Sofort mit der Hälfte der Erdbeeren bedecken. Das zweite Päckchen Tortenguss ebenso zubereiten und die restlichen Erdbeeren darauf verteilen. Den Kuchen für 1 Stunde kühl stellen.

4 Zum Servieren Sahne mit Puderzucker steif schlagen und die Kokosraspel unterheben. Zusammen mit dem Kuchen servieren.

Schokokuchen
mit Vanillebirnen

Für 12 Stücke (Springform 26 cm Ø)

Für den Teig

5 Eier
1 Prise Salz
190 g Butter
40 g dunkle Schokolade (70 % Kakaoanteil)
225 g Zucker
225 g Mehl
60 g gemahlene Mandeln

Für die Vanillebirnen

8 kleine Birnen (ca. 800 g)
1 Vanilleschote
220 g Zucker
1 Stück Schale von 1 unbehandelten Zitrone

Außerdem

Butter und Semmelbrösel für die Form

Zubereitungszeit: ca. 1 Stunde (plus Backzeit)
Pro Stück ca. 467 kcal/1955 kJ

1 Für die Vanillebirnen die Birnen waschen, schälen, halbieren und das Kerngehäuse entfernen. Die Vanilleschote längs halbieren und das Mark herauskratzen.

2 625 ml Wasser mit Vanillemark und -schote in einen Topf geben, Zucker und Zitronenschale hinzufügen und das Ganze zum Kochen bringen. Die Birnen hineingeben und ca. 20 Minuten bei schwacher Hitze simmern lassen, bis sie weich sind. Die Birnen dann herausnehmen, abtropfen lassen und den Sirup dickflüssig einkochen. Abkühlen lassen.

3 Den Backofen auf 175 °C vorheizen. Eine Springform einfetten und mit Semmelbröseln ausstreuen. Für den Teig die Eier trennen und das Eiweiß mit Salz steif schlagen. Bis zur weiteren Verwendung kalt stellen.

4 Butter und Schokolade in einem flachen Topf schmelzen und etwas abkühlen lassen. Eigelb mit Zucker cremig quirlen. Mehl und gemahlene Mandeln mischen und unter die Eigelbmasse rühren. Dann die Butter-Schokoladen-Mischung und 4 Esslöffel Birnensirup einrühren. Eischnee daraufgeben und unterheben.

5 Den Teig in die Form geben und die Birnenhälften hineindrücken. Den Kuchen ca. 50 Minuten auf der mittleren Schiene backen.

Rhabarberkuchen
mit Marzipan

Für 20 Stücke
(Backblech, ca. 30 x 40 cm)

Für den Teig
200 g Marzipanrohmasse
225 g zimmerwarme Butter
150 g Zucker
1 P. Vanillezucker
1 Prise Salz
6 Eier
375 g Mehl
1 P. Backpulver
3 El Milch

Für den Belag
1,5 kg Rhabarber

Außerdem
Puderzucker zum Bestäuben
weiche Butter und Mehl für das Blech

Zubereitungszeit: ca. 40 Minuten (plus Backzeit)
Pro Stück ca. 268 kcal/1122 kJ

1 Das Backblech einfetten und mit Mehl ausstäuben. Den Backofen auf 175 °C vorheizen. Für den Belag den Rhabarber waschen, abtrocknen, putzen, schälen und in ca. 1,5 cm lange Stücke schneiden.

2 Für den Teig die Marzipanrohmasse in Würfel schneiden. Butter mit Zucker, Vanillezucker, Salz und Marzipan in eine Rührschüssel geben und mit den Rührbesen des Handrührgeräts verquirlen. Nach und nach die Eier zum Teig geben und unterrühren. Mehl mit Backpulver mischen und über die Eiercreme sieben. Zusammen mit der Milch mit einem Kochlöffel zügig unterrühren.

3 Den Teig auf dem Backblech verteilen und glatt streichen. Den Rhabarber auf dem Teig verteilen. Den Kuchen auf der mittleren Schiene etwa 35 Minuten backen, dann aus dem Ofen nehmen und vollständig auskühlen lassen. Vor dem Servieren mit Puderzucker bestäuben.

Variation

Rhabarberkuchen mit Baiserhaube: Eiweiß von 4 Eiern mit 1 Prise Salz und 200 g Zucker steif schlagen. 15 Minuten vor Ende der Garzeit auf den Kuchen streichen, dabei mit einem Esslöffel dekorative Spitzen nach oben ziehen. Den Kuchen fertig backen.

Zwetschgenkuchen
aus Rührteig

Für 20 Stücke
(Backblech, ca. 30 x 40 cm)

Für den Teig
5 Eier
190 g Butter
225 g Zucker
1 Prise Salz
225 g Mehl

Für den Belag
1,25 kg (Bühler) Zwetschgen
150 g Mandelblättchen
3 El Zucker

Außerdem
Butter für das Blech

Zubereitungszeit: ca. 1 Stunde (plus Backzeit)
Pro Stück ca. 247 kcal/1034 kJ

1 Den Backofen auf 175 °C vorheizen. Ein Backblech einfetten. Die Eier trennen und das Eiweiß steif schlagen. Bis zur weiteren Verwendung kalt stellen.

2 Die Butter in einem flachen Topf schmelzen und etwas abkühlen lassen. Eigelb mit Zucker und Salz schaumig quirlen. Das Mehl unterrühren, anschließend die flüssige Butter einrühren. Den Eischnee daraufgeben und unterheben.

3 Den Teig auf das Backblech streichen. Die Zwetschgen waschen, trocken reiben, halbieren und entsteinen. Die Zwetschgenhälften dann dachziegelartig auf den Teig legen. Den Kuchen auf der mittleren Schiene 30–40 Minuten backen. Herausnehmen und auskühlen lassen.

4 In der Zwischenzeit die Mandelblättchen mit dem Zucker in einer Pfanne rösten und karamellisieren. Die Masse auf einem mit Backpapier ausgelegten Teller verteilen und auskühlen lassen. Zerbröseln und über den Kuchen streuen.

Bananen-Gugelhupf
mit Schokoguss

Für 16 Stücke
(Gugelhupfform 2 l Inhalt)

Für den Teig
200 g weiße Schokolade
1 Vanilleschote
125 g Kokosraspel
250 g weiche Butter
100 g Zucker
1 Prise Salz
5 Eier
350 g Mehl
1 P. Backpulver
100 g saure Sahne
100 ml Milch
2 reife Bananen
½ Fläschchen Rum-Aroma

Für den Guss
200 g weiße Kuvertüre
50 ml Sahne

Außerdem
Kakaopulver zum Bestäuben
Butter und Mehl für die Form

Zubereitungszeit: ca. 40 Minuten (plus Backzeit und zum Abkühlen)
Pro Stück ca. 458 kcal/1918 kJ

1 Den Backofen auf 180 °C vorheizen. Eine Gugelhupfform mit Butter ausstreichen und mit Mehl ausstäuben. Die weiße Schokolade hacken und bei mittlerer Hitze unter Rühren im Wasserbad zerlassen. Dann beiseitestellen. Die Vanilleschote längs halbieren und das Mark zur Schokolade geben. Die Kokosraspel im Blitzhacker mahlen.

2 Die Butter mit dem Zucker und dem Salz schaumig schlagen. Die Eier nach und nach dazugeben, dabei jedes Ei so lange unterrühren, bis es sich vollständig mit der Masse verbunden hat. Mehl und Backpulver mischen und auf die Butter-Ei-Masse sieben. Die Kokosraspel dazugeben. Alles zusammen mit der sauren Sahne, der Milch und der gerade noch flüssigen Schokolade verquirlen. Die Bananen in Stücke schneiden und mit dem Rum-Aroma zerdrücken. Unter den Teig quirlen.

3 Den Teig in die Form geben, glatt streichen und auf der mittleren Schiene ca. 60 Minuten backen. Den Kuchen nach erfolgreicher Stäbchenprobe aus dem Ofen nehmen. Kurz in der Form ruhen lassen, dann auf ein Kuchengitter stürzen und vollständig auskühlen lassen.

4 Die weiße Kuvertüre hacken. Mit der Sahne im Wasserbad zerlassen. Dann auf dem Kuchen verteilen und trocknen lassen. Mit Kakaopulver bestäubt servieren.

Upside-down-Kuchen
mit Renekloden

Für 12 Stücke
(Springform 26 cm Ø)

Für den Teig
5 Eier
1 Prise Salz
190 g Butter
225 g Zucker
225 g Mehl

Für den Belag
600 g Renekloden
200 ml Wodka
½ Tl Jasmintee

Außerdem
5 El Zucker zum Bestreuen
Butter für die Form

Zubereitungszeit: ca. 45 Minuten
(plus Backzeit)
Pro Stück ca. 337 kcal/1411 kJ

1 Für den Belag die Renekloden waschen, halbieren und entsteinen. Den Wodka mit 200 ml Wasser vermischen, zum Kochen bringen und den Jasmintee damit übergießen. 5 Minuten ziehen lassen, dann den Tee abseihen und die Renekloden damit übergießen. Die Renekloden mindestens 20 Minuten darin ziehen lassen, dann abseihen und abtropfen lassen.

2 In der Zwischenzeit für den Teig die Eier trennen und das Eiweiß mit Salz steif schlagen. Bis zur weiteren Verwendung kalt stellen. Die Butter in einem flachen Topf schmelzen und etwas abkühlen lassen. Eigelb mit Zucker schaumig quirlen. Das Mehl unterrühren, anschließend die flüssige Butter einrühren. Den Eischnee daraufgeben und unterheben.

3 Den Backofen auf 175 °C vorheizen. Eine Springform einfetten. Den Boden der Springform mit dem Zucker ausstreuen. Die Renekloden darauf verteilen und den Kuchenteig darübergießen. Den Kuchen auf der mittleren Schiene 50–60 Minuten backen, dann in der Form auskühlen lassen. Zum Servieren auf eine Tortenplatte stürzen.

Holunder-Gugelhupf
mit Haselnüssen

Für 16 Stücke
(Gugelhupfform 2 l Inhalt)

Für den Teig
200 g Holunderbeeren
5 Eier
1 Prise Salz
250 g brauner Zucker
200 g weiche Butter
150 g Dinkelvollkornmehl
150 g Weizenvollkornmehl
1 El Backpulver
200 g gem. Haselnüsse
125 ml Milch
125 ml Sahne

Außerdem
Puderzucker zum Bestäuben
Mehl zum Bestäuben
Butter und Mehl für die Form

Zubereitungszeit: ca. 25 Minuten (plus Backzeit)
Pro Stück ca. 364 kcal/1524 kJ

1 Den Backofen auf 175 °C vorheizen. Eine Gugelhupfform mit Butter ausstreichen und mit Mehl ausstäuben. Frische Holunderbeeren abspülen, abtropfen lassen und vorsichtig trocken tupfen, dann von den Stielen zupfen. Tiefgekühlte Holunderbeeren in einem Sieb auftauen lassen.

2 Die Eier trennen. Eiweiß mit dem Salz anschlagen, dann 50 g Zucker dazurieseln lassen und so lange weiterschlagen, bis die Masse sehr steif ist. Den Eischnee bis zur weiteren Verwendung kalt stellen.

3 Die Butter mit dem restlichen Zucker schaumig schlagen. Eigelb nach und nach unterrühren. Beide Mehlsorten und das Backpulver vermischen und über die Butter-Ei-Mischung sieben. Die Haselnüsse dazugeben. Alles zusammen mit der Milch und der Sahne verquirlen. Zum Schluss den Eischnee unterheben.

4 Ein Drittel des Teiges in die Form füllen. Die Holunderbeeren dünn mit Mehl bestäuben (bei TK-Beeren entfällt dies) und unter den restlichen Teig heben. Diesen ebenfalls in die Form geben und glatt streichen. Den Kuchen auf der mittleren Schiene ca. 60 Minuten backen. Den Gugelhupf kurz in der Form ruhen lassen, dann auf ein Kuchengitter stürzen und vollständig auskühlen lassen. Mit Puderzucker bestäubt servieren.

Vollkornkuchen
mit Brombeer-Apfel

Für 10 Stücke
(Kastenform 20 cm Länge)

350 g Äpfel
3 El Zitronensaft
300 g Weizenvollkornmehl
3 ½ Tl Weinstein-Backpulver
1 Tl Zimt
150 g Zucker
1 Ei
200 g fettarmer Frischkäse
175 g Brombeeren
60 g brauner Zucker
Fett für die Form

Zubereitungszeit: ca. 40 Minuten
(plus Backzeit)
Pro Stück ca. 280 kcal/1172 kJ

1 Die Äpfel schälen, das Kerngehäuse entfernen und das Fruchtfleisch würfeln. Sofort mit dem Zitronensaft beträufeln und in einem Topf zum Kochen bringen. 10 Minuten unter Rühren köcheln, dann abkühlen lassen.

2 Das Mehl mit Backpulver und Zimt in eine Schüssel sieben, den Zucker unterrühren. Das Ei, den Frischkäse und die abgekühlten gekochten Äpfel unterheben. Alles zu einem glatten Teig verarbeiten.

3 Brombeeren verlesen, waschen, abtropfen lassen und die Hälfte unterheben. Den Zucker in eine gefettete Kastenform streuen. Darüber die restlichen Brombeeren verteilen, den Teig hineingeben und glatt streichen.

4 Den Kuchen im vorgeheizten Ofen bei 190 °C etwa 45 Minuten backen. Auskühlen lassen, dann aus der Form lösen.

Tipp

Versuchen Sie diesen köstlichen Vollkornkuchen auch mit anderen Beeren, zum Beispiel Himbeeren, Blaubeeren oder Johannisbeeren. Ersetzen Sie das Apfelmus durch gekochte Birnen oder Quitten. Reichen Sie zum Kuchen eine Quarkcreme.

Apfel-Käsekuchen
vom Blech

Für 24 Stücke
(Backblech ca. 30 x 40 cm)

Für den Belag
1 unbehandelte Zitrone
1,8 kg Äpfel
2 Eier, 1 Prise Salz
150 g zimmerwarme Butter
150 g Zucker
1 P. Vanillezucker
500 g Magerquark
1 P. Vanillepuddingpulver

Für den Teig
200 g Mehl
2 Tl Backpulver
1 Prise Salz
125 g zimmerwarme Butter
100 g Zucker
1 P. Vanillezucker, 3 Eier

Außerdem
250 g Quittengelee
Fett für den Backrahmen

Zubereitungszeit: ca. 50 Minuten (plus Backzeit)
Pro Stück ca. 266 kcal/1114 kJ

1 Die Zitrone heiß waschen und trocknen. Die Hälfte der Schale fein abreiben. Die Frucht auspressen. Äpfel schälen, Kerngehäuse entfernen und das Fruchtfleisch in Spalten schneiden. Mit der Zitronenschale und dem -saft vermengen. Ein Backblech mit Backpapier auslegen und einen gefetteten Backrahmen darumstellen. Den Backofen auf 200 °C vorheizen.

2 Die Eier trennen. Das Eiweiß mit dem Salz steif schlagen und kalt stellen. Die Butter mit Zucker und Vanillezucker schaumig quirlen. Nach und nach das Eigelb unterrühren. Quark und Puddingpulver unterrühren.

3 Mehl, Backpulver und Salz vermischen. Die Butter mit Zucker und Vanillezucker schaumig quirlen. Nach und nach die Eier unterrühren. Nun die Mehlmischung dazugeben und ebenfalls unterrühren. Den Teig auf das Backblech geben. Die Hälfte der Apfelspalten darauf verteilen.

4 Eischnee unter die Quarkmasse heben. Über die Äpfel geben. Glatt streichen und die restlichen Apfelspalten darauf verteilen. Auf der unteren Einschubleiste des Ofens ca. 50 Minuten backen.

5 Quittengelee in einem Topf unter Rühren aufkochen. Auf den noch heißen Kuchen gießen und für weitere 5 Minuten in den Ofen geben. Herausnehmen, den Backrahmen entfernen und abkühlen lassen.

Apfel-Schoko-Kuchen
vom Blech

Für 24 Stücke
(Backblech ca. 30 x 40 cm)

350 g Butter
350 g Puderzucker
6 Eier
2 P. Vanillezucker
2 Tl Zimt
60 g Kakaopulver
750 g Äpfel
350 g Mehl
1 P. Backpulver
200 g dunkle Kakaoglasur
2–3 El Mandelstifte zum Bestreuen

Zubereitungszeit: ca. 35 Minuten (plus Backzeit und Zeit zum Auskühlen)
Pro Stück ca. 315 kcal/1319 kJ

1 Butter mit dem Handrührgerät schaumig quirlen, durchgesiebten Puderzucker nach und nach unterarbeiten. Die Eier einzeln darunterquirlen, dann Vanillezucker, Zimt und Kakao unterrühren.

2 Backofen auf 200 °C vorheizen. Äpfel schälen, entkernen und grob raffeln. Mehl und Backpulver vermischen, sieben und mit den Äpfeln unter die Eiermasse rühren. Ein Backblech mit Backpapier auslegen und den Teig daraufstreichen. 40–50 Minuten backen, auf ein Kuchengitter stürzen und auskühlen lassen.

3 Die Kakaoglasur nach Packungsanleitung zubereiten und auf dem Kuchen verteilen. Mit Mandelstiften bestreuen und trocknen lassen.

Tipp

Der Kuchen schmeckt besonders gut, wenn er am Vortag gebacken wird und eine Nacht abgedeckt ziehen lassen.

Blaubeerkuchen
mit Mandeln

Für 12 Stücke
(Quicheform 28 cm Ø)

500 g Blaubeeren
(frisch oder TK)
1 Vanilleschote
5 El Sonnenblumenöl
5 El Waldhonig
3 Eier
160 ml Sahne
200 g Mehl
½ P. Backpulver
50 g Mandelblättchen
Puderzucker zum Bestäuben
Butter für die Form

Zubereitungszeit: ca. 20 Minuten
(plus Ruhezeit und Backzeit)
Pro Stück ca. 216 kcal/902 kJ

1 Den Backofen auf 180 °C vorheizen, eine Quicheform mit Butter einfetten. Frische Blaubeeren waschen, verlesen, trocken tupfen und eventuell noch vorhandene Stiele entfernen. TK-Blaubeeren auftauen lassen. Die Vanilleschote aufschneiden und das Mark herauskratzen.

2 Öl mit Honig verquirlen, nach und nach die Eier darunterquirlen. Das Vanillemark dazugeben, dann die Sahne. Mehl mit Backpulver mischen, dann über die Eier-Sahne-Mischung geben und alles zu einem glatten Teig verrühren. Alles ca. 20 Minuten abgedeckt ruhen lassen.

3 Die Blaubeeren auf dem Quicheformboden verteilen, dann den Teig darübergießen und alles mit den Mandelblättchen bestreuen. Im Backofen ca. 20 Minuten backen, dann herausnehmen und abkühlen lassen. Mit Puderzucker bestäubt servieren.

Beerenkuchen
mit Joghurt

Für 12 Stücke
(Gugelhupfform 2 l Inhalt)

5 Eier
1 Prise Salz
190 g Butter
225 g Zucker
225 g Mehl
40 g gemahlene Mandeln
200 g Naturjoghurt
50 g gefrorene Blaubeeren
40 g gefrorene Johannisbeeren

Außerdem
Puderzucker zum Bestäuben
Butter für die Form

Zubereitungszeit: ca. 25 Minuten (plus Backzeit)
Pro Stück ca. 320 kcal/1340 kJ

1 Den Backofen auf 175 °C vorheizen. Eine Gugelhupfform einfetten. Die Eier trennen und das Eiweiß mit dem Salz steif schlagen. Bis zur weiteren Verwendung kalt stellen.

2 Die Butter in einem flachen Topf schmelzen und etwas abkühlen lassen. Eigelb mit Zucker schaumig quirlen. Das Mehl mit den gemahlenen Mandeln mischen, unter die Eigelbmasse rühren, anschließend die flüssige Butter und dann den Joghurt einrühren. Den Eischnee daraufgeben und unterheben. Die gefrorenen Beeren vorsichtig unterheben.

3 Den Teig in die Form geben. Auf der mittleren Schiene 50–60 Minuten backen. Dann auf ein Kuchengitter stürzen und auskühlen lassen. Mit Puderzucker bestäubt servieren.

Birnenschnitten

saftig-süß

Für 20 Stücke (Backblech ca. 30 x 40 cm)

2 kg reife, aber nicht zu weiche Birnen
2 El Zitronensaft
1 unbehandelte Orange
125 g weiche Butter
175 g Zucker
½ Tl Salz
3 Eigelb
1 Ei
450 g Mehl
1 P. Backpulver
400 ml Milch
3 P. Vanillezucker
100 g Amaretti
Puderzucker zum Bestäuben
Butter für den Backrahmen

Zubereitungszeit: ca. 35 Minuten (plus Backzeit)
Pro Stück ca. 270 kcal/1130 kJ

1 Die Birnen waschen, trocknen, schälen und vierteln. Die Kerngehäuse entfernen und die Viertel in schmale Spalten schneiden. Mit dem Zitronensaft in einer Schüssel vermengen. Die Orange heiß waschen, trocknen und die Schale fein abreiben.

2 Den Backofen auf 180 °C vorheizen. Ein Backblech mit Backpapier belegen und einen eingefetteten Backrahmen darumstellen. Die Butter mit dem Zucker und dem Salz schaumig quirlen. Nach und nach das Eigelb hineinrühren, dann das Ei. Mehl mit Backpulver mischen und abwechselnd mit der Milch unter den Teig rühren. Die Hälfte des Teiges auf das Backblech streichen.

3 Die Birnenspalten dachziegelartig auf dem Teig verteilen. Mit dem Vanillezucker bestreuen. Die Amaretti mit der Küchenrolle zerbröseln und ebenfalls über die Birnen streuen. Dann den restlichen Teig darauf verteilen.

4 Den Kuchen auf der mittleren Schiene ca. 60 Minuten backen. Falls die Oberfläche zu dunkel wird, nach ca. 40 Minuten mit Alufolie abdecken. Herausnehmen, vorsichtig den Backrahmen lösen und den Kuchen vollständig auskühlen lassen. Vor dem Servieren mit Puderzucker bestäuben und nach Belieben Schlagsahne dazu reichen.

Apfelkuchen
extra saftig

Für 12 Stücke
(Springform 26 cm Ø)

Für den Rührteig
200 g zimmerwarme Butter
190 g Zucker
1 Vanilleschote
1 Prise Salz
4 Eier
250 g Mehl
2 P. Vanillepuddingpulver
2 Tl Backpulver
100 ml Sahne
180 g Apfelmus

Für den Belag
600–700 g kleine Äpfel
80 ml Quittengelee
1 El Calvados

Außerdem
Butter für die Form

Zubereitungszeit: ca. 40 Minuten
(plus Backzeit)
Pro Stück ca. 397 kcal/1662 kJ

1 Den Ofen auf 180 °C vorheizen, eine Springform mit Butter einfetten. Für den Rührteig die Butter mit dem Zucker schaumig quirlen. Die Vanilleschote aufschneiden, das Mark herauskratzen und mit dem Salz zur Butter geben. Die Eier nach und nach darunterquirlen.

2 Mehl mit Puddingpulver und Backpulver in einer Schüssel mischen. Über die Butter-Eier-Mischung sieben und zusammen mit Sahne und Apfelmus unter den Teig rühren. In die Springform füllen und glatt streichen.

3 Die Äpfel waschen, schälen, halbieren und das Kerngehäuse entfernen. Die gewölbte Seite mehrfach einschneiden. Mit der glatten Seite nach unten auf dem Teig verteilen. Auf der mittleren Einschubleiste ca. 55 Minuten backen.

4 Das Quittengelee mit Calvados erwärmen. Auf den Kuchen gießen und erkalten lassen.

Stachelbeerblechkuchen
mit Baiserhaube

Für 20 Stücke
(Backblech ca. 30 x 40 cm)

1 kg grüne Stachelbeeren
7 Eier
200 g weiche Butter
500 g Zucker
50 g Maisgrieß
300 g Mehl
1 P. Backpulver
100 g gemahlene Mandeln
½ Tl Salz
1 unbehandelte Zitrone
100 g Marzipanrohmasse
Butter für den Backrahmen

Zubereitungszeit: ca. 45 Minuten
(plus Backzeit)
Pro Stück ca. 340 kcal/1424 kJ

1 Die Stachelbeeren verlesen, waschen und vorsichtig trocken tupfen. 5 Eier trennen. Eiweiß kalt stellen. Den Backofen auf 180 °C vorheizen. Ein Backblech mit Backpapier belegen und einen eingefetteten Backrahmen darumstellen. Die weiche Butter mit 200 g Zucker ca. 10 Minuten schaumig quirlen. Dann nach und nach die 5 Eigelb darunterquirlen.

2 Maisgrieß, Mehl, Backpulver, gemahlene Mandeln und Salz mischen und zur Buttermischung geben. Die Zitrone heiß waschen, trocknen, die Schale abreiben und die Frucht auspressen. Beides zusammen mit den restlichen 2 Eiern ebenfalls zur Buttermischung geben und alles glatt verquirlen. Auf das Backblech streichen.

3 Das Marzipan hacken und darüberstreuen. Die Stachelbeeren darauf verteilen. Auf der mittleren Schiene ca. 30 Minuten backen. In der Zwischenzeit Eiweiß steif schlagen. Den restlichen Zucker dazurieseln lassen und alles so lange weiterschlagen, bis eine feste, glänzende Baisermasse entstanden ist.

4 Den Kuchen aus dem Ofen nehmen, die Baisermasse mit einem Esslöffel wolkenartig auf dem Kuchen verteilen und alles weitere 20 Minuten auf der untersten Schiene goldbraun backen.

Obstsalat-Kuchen
mit Weincreme

Für 12 Stücke
(Springform 26 cm Ø)

Für den Teig
5 Eier, 190 g Butter
1 Vanilleschote
225 g Zucker
1 Prise Salz, 225 g Mehl

Für Füllung und Belag
250 ml Weißwein
1 P. heller Tortenguss
6 El Zucker
2 El Zitronensaft
4 Erdbeeren
1 Nektarine
4 grüne Weintrauben
4 blaue Weintrauben
3 Rispen rote Johannisbeeren
600 ml Sahne
1 P. Sahnesteif

Außerdem
Butter und Semmelbrösel für die Form

Zubereitungszeit: ca. 1 Stunde 15 Minuten (plus Back- und Kühlzeit)
Pro Stück ca. 518 kcal/2169 kJ

1 Den Backofen auf 175 °C vorheizen. Eine Springform einfetten und mit Semmelbröseln ausstreuen. Für den Teig die Eier trennen und das Eiweiß steif schlagen. Bis zur weiteren Verwendung kalt stellen.

2 Die Butter schmelzen und etwas abkühlen lassen. Die Vanilleschote längs halbieren und das Mark herauskratzen. Eigelb mit Zucker, Vanillemark und Salz cremig schlagen. Das Mehl und die Butter einrühren. Den Eischnee unterheben. In die Form geben und auf der mittleren Schiene ca. 50 Minuten backen. Auf einem Kuchengitter vollständig auskühlen lassen.

4 Wein mit Tortenguss, der Hälfte des Zuckers und 1 Esslöffel Zitronensaft aufkochen, dann etwas abkühlen lassen. Obst waschen und trocken tupfen. Erdbeeren halbieren, die Nektarinen in Spalten schneiden. Die Trauben halbieren. Johannisbeeren von den Rispen zupfen. Die Früchte mit 1 Esslöffel Zucker und dem restlichen Zitronensaft vermischen. Die Sahne mit Sahnesteif und dem restlichen Zucker steif schlagen und unter die Hälfte des Weingelees ziehen.

5 Den Tortenboden einmal durchschneiden und den unteren Boden mit der Hälfte der Weincreme bestreichen. Den zweiten Boden auflegen. Die restliche Creme rundum verstreichen und mit dem Obstsalat verzieren. Das restliche Weingelee erhitzen, auf den Früchten verteilen. Mindestens 1 Stunde kalt stellen.

Kirschkuchen
für jeden Tag

Für 12 Stücke
(Springform 26 cm Ø)

Für den Teig
250 g zimmerwarme Butter
250 g Zucker
4 Eier
400 g Mehl
1 Tl Backpulver

Für die Füllung
1,2 kg Sauerkirschen
2 El Zucker
1 Tl Zimt

Außerdem
Puderzucker zum Bestäuben
weiche Butter und Mehl für die Form

Zubereitungszeit: ca. 40 Minuten (plus Backzeit)
Pro Stück ca. 450 kcal/1884 kJ

1 Die Sauerkirschen für die Füllung waschen, eventuell noch vorhandene Stiele entfernen, die Früchte trocken tupfen und entsteinen. Eine Springform einfetten und mit Mehl ausstäuben. Den Backofen auf 190 °C vorheizen.

2 Für den Teig die Butter mit dem Zucker in eine hohe Rührschüssel geben. Mit den Rührbesen des Handrührgeräts schaumig rühren. Dann nach und nach die Eier unterrühren. Das Mehl in einer Schüssel mit dem Backpulver mischen und über die Butter-Ei-Masse sieben. Mit einem Kochlöffel zügig unterrühren.

3 Den Teig in die Springform geben und glatt streichen. Die Sauerkirschen auf dem Teig verteilen und alles mit Zucker und Zimt bestreuen. Den Kuchen auf der mittleren Schiene ca. 60 Minuten backen.

4 Den Kuchen aus dem Ofen nehmen. Vorsichtig aus der Form lösen und auf einem Kuchengitter vollständig auskühlen lassen. Vor dem Servieren mit Puderzucker bestäuben.

Variation

Statt der Sauerkirschen können Sie für diesen Kuchen auch die gleiche Menge Süßkirschen, Mirabellen oder Renekloden verwenden.

Zwetschgenkuchen
mit Zimtstreuseln

Für 12 Stücke (Springform 20 cm Ø)

Für den Teig
2 Eier
75 g Butter
90 g Zucker
1 Prise Salz
90 g Mehl

Für den Belag
700 g (Bühler) Zwetschgen

Für die Streusel
100 g Butter
100 g Zucker
100 g Mehl
50 g gemahlene Mandeln
1 Tl Zimt

Außerdem
Butter und Semmelbrösel für die Form

Zubereitungszeit: ca. 45 Minuten (plus Backzeit)
Pro Stück ca. 302 kcal/1264 kJ

1 Den Backofen auf 225 °C vorheizen. Eine Springform einfetten und mit Semmelbröseln ausstreuen. Die Eier trennen und das Eiweiß steif schlagen. Bis zur weiteren Verwendung kalt stellen.

2 Die Butter in einem flachen Topf schmelzen und etwas abkühlen lassen. Eigelb mit Zucker und Salz schaumig quirlen. Das Mehl unterrühren, anschließend die flüssige Butter einrühren. Den Eischnee daraufgeben und unterheben.

3 Die Zwetschgen waschen, trocken reiben, halbieren und entsteinen. Den Teig in der Form verteilen und die Zwetschgenhälften dachziegelartig darauflegen.

4 Für die Streusel alle Zutaten miteinander verkneten und die Streusel über die Zwetschgen bröseln. Den Kuchen auf der mittleren Schiene 35–40 Minuten backen.

Bananenkuchen
mit Toffee

Für 12 Stücke
(Springform 26 cm Ø)

Für den Teig
5 Eier
190 g Butter
225 g Zucker
1 Prise Salz
225 g Mehl
1 vollreife Banane

Für den Belag
50 g Zucker
50 g Honig
50 g Butter
2 Bananen

Außerdem
Butter für die Form

Zubereitungszeit: ca. 50 Minuten (plus Backzeit)
Pro Stück ca. 379 kcal/1587 kJ

1 Eine Springform außen in Alufolie verpacken und innen gut einfetten. Den Backofen auf 175 °C vorheizen. Für den Belag den Zucker in einen Topf geben und unter ständigem Rühren karamellisieren lassen, bis er goldgelb ist. Den Honig zügig unterrühren und aufkochen lassen, bis er etwas schäumt. Die Butter einrühren. Das so entstandene Toffee in die Springform füllen. Die Bananen schälen, in Scheiben schneiden und auf das Toffee legen.

2 Für den Teig die Eier trennen und das Eiweiß steif schlagen. Bis zur weiteren Verwendung kalt stellen. Die Butter in einem flachen Topf schmelzen und etwas abkühlen lassen. Eigelb mit Zucker und Salz cremig quirlen. Das Mehl unterrühren, anschließend die flüssige Butter einrühren. Den Eischnee daraufgeben und unterheben. Die Banane mit einer Gabel gründlich zerdrücken und unter den Teig heben.

3 Den Teig in die Form geben und auf der mittleren Schiene ca. 50 Minuten backen. In der Form auskühlen lassen, dann auf eine Tortenplatte stürzen.

Beerenkuchen
mit Nougatstreuseln

Für 12 Stücke
(Springform 26 cm Ø)

Für den Teig
5 Eier, 190 g Butter
225 g Zucker
1 Prise Salz
225 g Mehl

Für die Streusel
40 g Butter
75 g Zucker
1 P. Vanillezucker
125 g Mehl
100 g Nussnougat

Für die Füllung
1 P. Vanillepuddingpulver
500 ml Johannisbeersaft
2 Tl Zucker
500 g gemischte Beeren

Außerdem
Butter und Semmelbrösel für die Form

Zubereitungszeit: ca. 1 Stunde (plus Backzeit)
Pro Stück ca. 499 kcal/2089 kJ

1 Den Backofen auf 225 °C vorheizen. Eine Springform einfetten und mit Semmelbröseln ausstreuen. Die Eier trennen und das Eiweiß steif schlagen. Bis zur weiteren Verwendung kalt stellen.

2 Die Butter schmelzen und etwas abkühlen lassen. Eigelb mit Zucker und Salz schaumig quirlen. Das Mehl und die flüssige Butter einrühren. Den Eischnee daraufgeben und unterheben.

3 Den Teig in die Form gießen und auf der mittleren Schiene ca. 10 Minuten vorbacken. Herausnehmen und den Backofen auf 175 °C herunterschalten.

4 Alle Streuselzutaten zu einem Teig verkneten und über dem noch warmen vorgebackenen Kuchen zu Streuseln zerbröseln. Den Kuchen weitere 40 Minuten backen. Nach dem Backen vorsichtig aus der Form lösen und vollständig erkalten lassen.

5 Für die Füllung das Puddingpulver mit etwas Johannisbeersaft und dem Zucker glatt rühren. Den restlichen Saft erhitzen und nach Packungsanweisung einen Pudding kochen. Vom Herd nehmen, die Beeren hineinrühren und etwas abkühlen lassen.

6 Den Kuchen durchschneiden. Den unteren Kuchenboden auf eine Platte setzen und mit dem Pudding bestreichen. Die obere Platte aufsetzen und den Kuchen ca. 1 Stunde kalt stellen.

Joghurt-Obst-Kuchen
mit Mandeln

Für 20 Stücke
(Backblech ca. 30x40 cm)

1 kg Pflaumen
1 Vanilleschote
6 Eier
300 g Zucker
½ Tl Salz
120 ml Sonnenblumenöl
160 g Joghurt
400 g Mehl
1 P. Weinsteinbackpulver
150 g Mandelstifte
Puderzucker zum Bestäuben

Zubereitungszeit: ca. 40 Minuten
(plus Backzeit)
Pro Stück ca. 280 kcal/1172 kJ

1 Den Backofen auf 180 °C vorheizen. Ein tiefes Backblech mit Backpapier auslegen. Die Pflaumen waschen, trocken tupfen und entsteinen. In Viertel schneiden. Die Vanilleschote längs aufschneiden und das Mark herausschaben.

2 Die Eier mit 200 g Zucker und Salz ca. 10 Minuten dick-schaumig schlagen. Das Öl mit dem Joghurt verrühren. Mehl mit Backpulver mischen und über den Teig sieben. Die Joghurt-Öl-Mischung und das Vanillemark hinzufügen und alles gründlich verrühren.

3 Den Teig auf das Blech geben und glatt streichen. Die Pflaumenviertel darauf verteilen und mit Mandelstiften und restlichem Zucker bestreuen. Den Kuchen auf der mittleren Schiene ca. 35 Minuten backen. Herausnehmen und mit Puderzucker bestäubt servieren.

Tipp

Dieser Kuchen lässt sich mit vielerlei Obst zubereiten. So können beispielsweise auch Süßkirschen, Sauerkirschen, Mirabellen oder Blaubeeren verwendet werden.

Schokoladenkuchen
mit Blaubeeren

Für 16 Stücke
(Springform 26 cm Ø)

300 g Blaubeeren (ersatzweise TK)
200 g Zartbitterschokolade
5 Eier
1 Prise Salz
120 g weiche Butter
200 g Puderzucker
150 g gemahlene Haselnüsse
2 El Mehl

Außerdem

Puderzucker zum Bestäuben
geschlagene Sahne zum Servieren
Butter für die Form

Zubereitungszeit: ca. 40 Minuten (Plus Backzeit)
Pro Stück ca. 282 kcal/1181 kJ

1 Den Backofen auf 190 °C vorheizen, eine Springform mit Butter einfetten. Die Blaubeeren waschen, trocknen und eventuell noch vorhandene Stielansätze entfernen. TK-Blaubeeren auftauen lassen.

2 Die Zartbitterschokolade in Stücke brechen und im heißen Wasserbad schmelzen. Die Eier trennen. Eiweiß mit Salz steif schlagen und kalt stellen. Weiche Butter mit Puderzucker schaumig schlagen, dann nach und nach das Eigelb unterrühren.

3 Haselnüsse, Mehl und die flüssige Schokolade unter die Butter-Eigelb-Creme rühren, dann in zwei Schritten den Eischnee unterheben. Den Teig in die Form füllen und 2/3 der Blaubeeren darauf verteilen. In den Ofen geben und ca. 40 Minuten backen. Nach ca. 30 Minuten Backzeit die restlichen Heidelbeeren über den Kuchen streuen.

4 Kuchen in der Form abkühlen lassen, dann vorsichtig herauslösen. Mit Puderzucker bestäubt und mit geschlagener Sahne servieren.

Birnen-Gugelhupf
mit Schokoguss

Für 16 Stücke
(Gugelhupfform 2 l Inhalt)

Für den Teig

1 unbehandelte Zitrone
4 reife, nicht zu weiche Birnen
4 Eier, 1 Prise Salz
200 g Zucker
200 g weiche Butter
1 Eigelb
400 g Mehl
½ P. Backpulver
100 g gemahlene Walnüsse
150 ml Milch

Für die Verzierung

200 g Zartbitterschokolade
50 g Butter
50 ml Sahne
16 Walnusshälften

Außerdem

Butter und Mehl für die Form

Zubereitungszeit: ca. 50 Minuten (plus Backzeit und Zeit zum Abkühlen)
Pro Stück ca. 423 kcal/1771 kJ

1 Den Backofen auf 175 °C vorheizen. Eine Gugelhupfform mit Butter ausstreichen und mit Mehl ausstäuben. Die Zitrone heiß waschen, trocknen und 1 Teelöffel Schale abreiben. Die Birnen schälen, vierteln, entkernen und in kleine Würfel schneiden.

2 Die Eier trennen. Eiweiß mit Salz anschlagen. 50 g Zucker dazurieseln lassen und so lange weiterschlagen, bis sich die Zuckerkristalle aufgelöst haben. Kühl stellen.

3 Die Butter mit dem restlichen Zucker schaumig schlagen. Nach und nach das gesamte Eigelb darunterquirlen. Mehl mit Backpulver mischen und auf die Butter-Ei-Mischung sieben. Zitronenschale und gemahlene Walnüsse dazugeben. Alles zusammen mit der Milch zu einem glatten Teig verrühren. Die Birnenstücke unterrühren. Zum Schluss den Eischnee unterheben.

4 Den Teig in die Form füllen und auf der zweiten Schiene von unten ca. 50 Minuten backen. Aus dem Ofen nehmen. Kurz ruhen lassen, dann auf ein Kuchengitter stürzen und auskühlen lassen.

5 Für die Glasur die Zartbitterschokolade hacken. Mit der Butter und der Sahne unter Rühren im heißen Wasserbad zerlassen. Die Glasur über den Kuchen gießen, die Walnusshälften in die noch weiche Glasur drücken. Trocknen lassen.

Pflaumenkuchen
mit Mandelkruste

Für 12 Stücke
(Springform 24 cm Ø)

Für die Füllung
500 g Pflaumen
1 Vanilleschote
Saft und abgeriebene Schale von 1 unbehandelten Orange
50 g Zucker

Für den Teig
150 g weiche Butter
150 g Zucker
2 Eier, 90 g Mehl
½ Tl Backpulver
100 g gemahlene Mandeln

Für die Kruste
30 g Butter, 25 g Zucker
abgeriebene Schale von 1 unbehandelten Orange
50 g Mandelblättchen

Außerdem
Butter für die Form

Zubereitungszeit: ca. 30 Minuten (plus Backzeit und Zeit zum Abkühlen)
Pro Stück ca. 321 kcal/1344 kJ

1 Den Backofen auf 180 °C vorheizen. Die Pflaumen waschen, trocknen, halbieren und entsteinen. Die Vanilleschote aufschneiden und das Mark herauskratzen. Beides mit den Pflaumen, Orangensaft, Orangenschale und dem Zucker vermischen und alles in eine ofenfeste Form geben. 20 Minuten backen, dann auskühlen lassen. Eine Springform mit Butter ausfetten.

2 Für den Teig die weiche Butter mit dem Zucker verquirlen, dann die Eier nach und nach unterrühren. Das Mehl mit Backpulver mischen und mit den Mandeln unter die Butter-Ei-Masse rühren. Den Teig in die Form gießen, die Pflaumen mit der Schnittfläche nach oben darauf verteilen und leicht eindrücken, den ausgetretenen Saft darüberträufeln. Für 50 Minuten backen.

3 Nach der Hälfte der Backzeit die Mandelkruste auf den Kuchen geben. Dafür die Butter in einer Pfanne zerlassen und den Zucker mit Orangenschalenzesten und Mandelblättchen dazugeben. Diese Masse auf dem Kuchen verteilen und fertig backen. In der Form abkühlen lassen und servieren.

Brombeer-Gugelhupf
mit Zucchiniraspel

Für 8 Stücke
(Gugelhupfform 1 l Inhalt)

Für den Teig
150 g Brombeeren
200 g Zucchini
200 g Mehl
1 El Backpulver
150 g weiche Butter
150 g brauner Zucker
1 Prise Zimt
1 Prise Salz
3 Eier
75 g gemahlene Haselnüsse

Für die Verzierung
150 g Puderzucker
1 El Zitronensaft
gehackte Pistazien

Außerdem
Mehl zum Bestäuben
Butter und Mehl für die Form

Zubereitungszeit: ca. 30 Minuten (plus Backzeit und Zeit zum Abkühlen)
Pro Stück ca. 487 kcal/2039 kJ

1 Den Backofen auf 180 °C vorheizen. Eine Gugelhupfform mit Butter ausstreichen und mit Mehl ausstäuben. Für den Teig die Brombeeren waschen und behutsam trocken tupfen. Zucchini waschen, putzen und fein raspeln.

2 Mehl und Backpulver mischen. Butter mit Zucker, Zimt und Salz ca. 10 Minuten schaumig schlagen. Die Eier einzeln nacheinander unterquirlen, dabei jeweils erst dann das nächste Ei dazugeben, wenn sich das vorherige vollständig mit der Butter verbunden hat. Die Mehlmischung darübersieben und die gemahlenen Haselnüsse dazugeben. Alles zusammen mit den Zucchiniraspeln unterrühren.

3 ⅓ des Teiges in die Form geben. Die Brombeeren mit wenig Mehl bestäuben und unter den restlichen Teig heben. Den Teig in die Form geben, glatt streichen und auf der mittleren Schiene etwa 40 Minuten backen. Kurz in der Form ruhen lassen, dann auf ein Kuchengitter stürzen und vollständig auskühlen lassen.

4 Zum Verzieren den gesiebten Puderzucker mit Zitronensaft und etwas Wasser zu einem dicken Guss verrühren. Auf den Kuchen geben und dekorativ hinunterlaufen lassen. In den noch weichen Guss einige gehackte Pistazien streuen. Trocknen lassen.

Birnenkuchen
mit Walnüssen

Für 12 Stücke (Springform 26 cm Ø)

Für den Teig

250 g zimmerwarme Butter
250 g Zucker
4 Eier
400 g Mehl
1 Tl Backpulver

Für Füllung und Belag

1 kg Birnen
2 El Hagelzucker
1 El gehackte Walnüsse

Außerdem

200 ml kalte Sahne
2 P. Vanillezucker
weiche Butter und Mehl für die Form

Zubereitungszeit: ca. 35 Minuten (plus Backzeit und Zeit zum Abkühlen)
Pro Stück ca. 450 kcal/1884 kJ

1 Die Birnen für die Füllung waschen, trocken reiben, schälen und halbieren. Mit einem scharfen kleinen Messer das Kerngehäuse und den Stiel herausschneiden. Die Form einfetten und mit Mehl ausstäuben. Den Backofen auf 180 °C vorheizen.

2 Für den Teig die Butter mit dem Zucker schaumig quirlen. Dann nach und nach die Eier unterrühren. Das Mehl in einer Schüssel mit dem Backpulver mischen und über die Butter-Ei-Masse sieben. Mit einem Kochlöffel zügig unterrühren.

3 Den Teig in die Springform geben und glatt streichen. Die Birnenhälften mit der gewölbten Seite nach oben auf dem Teig verteilen. Alles mit Hagelzucker und Walnüssen bestreuen.

4 Den Kuchen auf der mittleren Schiene ca. 60 Minuten backen, gegebenenfalls mit Alufolie locker abdecken. 10 Minuten in der Form abkühlen lassen, dann vorsichtig aus der Form lösen und auf einem Kuchengitter vollständig auskühlen lassen.

5 In der Zwischenzeit die Sahne schaumig aufschlagen. Kurz vor Ende den Vanillezucker dazugeben. Den Kuchen mit der Schlagsahne servieren.

Kirschkuchen
mit Marzipan und Mandeln

Für 20 Stücke (Backblech ca. 30 x 40 cm)

1,5 kg Sauerkirschen (ersatzweise 3 Gläser à 350 g Abtropfgewicht)
220 g Marzipanrohmasse
220 g weiche Butter
200 g Zucker
2 P. Vanillezucker
1 Prise Salz
5 Tropfen Bittermandelaroma
abgeriebene Schale von 1 unbehandelten Zitrone

220 g Naturjoghurt
150 g Hartweizengrieß
7 Eier
300 g Mehl
1 gehäufter Tl Backpulver
100 g Mandelstifte

Außerdem

Puderzucker zum Bestäuben
Butter für das Blech

Zubereitungszeit: ca. 40 Minuten (plus Backzeit)
Pro Stück ca. 375 kcal/1570 kJ

1 Ein Backblech mit Butter einfetten, den Backofen auf 180 °C vorheizen. Die frischen Kirschen waschen, trocknen, die Stiele entfernen und die Früchte entsteinen. Falls Kirschen aus dem Glas verwendet werden: in ein Sieb geben und abtropfen lassen.

2 Marzipanrohmasse hacken und mit der weichen Butter, dem Zucker, Vanillezucker und Salz ca. 10 Minuten schaumig quirlen. Dann das Bittermandelaroma, die Zitronenschale, Joghurt und Hartweizengrieß dazugeben und alles gut vermengen.

3 Nach und nach die Eier unter den Teig rühren. Das Mehl mit Backpulver mischen, zum Teig geben und ebenfalls unterrühren. Den Teig auf das Backblech streichen, die Kirschen darauf verteilen und die Mandelstifte darüberstreuen.

4 Den Kuchen im Ofen ca. 55 Minuten backen, dann herausnehmen, auf dem Blech leicht abkühlen lassen und vor dem Servieren mit Puderzucker bestäuben.

Ananaskuchen
mit Möhren und Walnüssen

Für 8 Stücke
(Kastenform 20 cm Länge)

120 g Ananas aus der Dose
120 g Möhren
50 g Walnüsse
2 Eier
1 Prise Salz
120 g Zucker
1 P. Vanillezucker
125 g Mehl
25 g Speisestärke
½ Tl Backpulver
1 Tl Natron
1 Prise Zimt
40 g Kokosraspel
100 ml Sonnenblumenöl

Außerdem
150 g Puderzucker
1 El Ananassaft
Walnusshälften zum Verzieren
Butter und Mehl für die Form

Zubereitungszeit: ca. 30 Minuten (plus Backzeit, Ruhezeit und Zeit zum Abkühlen)
Pro Stück ca. 431 kcal/1806 kJ

1 Den Backofen auf 180 °C vorheizen. Eine Kastenform mit Butter einfetten und mit Mehl ausstäuben. Die Ananasstücke klein würfeln, in ein Sieb geben und bis zur weiteren Verwendung abtropfen lassen. Dabei für die Verzierung 1 Esslöffel Saft auffangen. Die Möhren waschen, putzen, schälen und raspeln. Die Walnüsse hacken.

2 Die Eier trennen. Eiweiß mit Salz steif schlagen. Eigelb mit Zucker und Vanillezucker schaumig aufschlagen. Mehl, Speisestärke, Backpulver, Natron und Zimt mischen und darübersieben. Die Kokosraspel dazugeben. Alles zusammen mit dem Sonnenblumenöl verquirlen. Die Ananasstückchen darunterrühren. Nüsse und Möhren unterheben. Zum Schluss den Eischnee unterheben. In die Form gießen und auf der mittleren Schiene ca. 40 Minuten backen. Herausnehmen, 10 Minuten in der Form ruhen lassen, dann auf einem Kuchengitter abkühlen lassen.

3 Zum Verzieren den Puderzucker mit dem Ananassaft glatt rühren und auf dem Kuchen verteilen. Walnusshälften zum Verzieren in einer Reihe mittig oben auf den Kuchen setzen. Alles trocknen lassen.

Kirsch-Gugelhupf
mit Mascarpone

Für 16 Stücke
(Gugelhupfform 2 l Inhalt)

Für den Teig

350 g Süßkirschen
100 g weiße Schokolade
200 g Mascarpone
Schale und Saft von ½ unbehandelten Zitrone
5 Eier
1 Prise Salz
200 g Zucker
250 g Butter
375 g Mehl
1 El Backpulver

Außerdem

einige Kirschen zum Verzieren
50 g weiße Schokolade zum Verzieren
Butter und Mehl für die Form

Zubereitungszeit: ca. 30 Minuten (plus Backzeit und Zeit zum Abkühlen)
Pro Stück ca. 385 kcal/1612 kJ

1 Den Backofen auf 180 °C vorheizen. Eine Gugelhupfform mit Butter ausstreichen und mit Mehl ausstäuben. Die Kirschen waschen, trocknen, die Stiele entfernen und die Früchte entsteinen.

2 Die Schokolade hacken, dann unter Rühren im Wasserbad schmelzen. Den Mascarpone einrühren. Die Schüssel aus dem Wasserbad nehmen. Zitronenschale und -saft unterrühren.

3 Die Eier trennen. Eiweiß mit Salz steif schlagen, dann 50 g Zucker einrieseln lassen und so lange weiterschlagen, bis die Masse erneut sehr steif ist.

4 Die Butter mit dem restlichen Zucker schaumig schlagen. Eigelb nach und nach darunterquirlen. Das Mehl mit dem Backpulver mischen und über die Buttermischung sieben, dann zusammen mit der Schokoladenmischung und den Kirschen unterrühren. Zum Schluss den Eischnee unterheben. Den Teig in die Form geben, glatt streichen und auf der zweiten Schiene von unten ca. 55 Minuten backen. Den Kuchen kurz in der Form ruhen lassen, dann auf einem Kuchengitter vollständig auskühlen lassen.

5 Für die Verzierung die Kirschen waschen und trocknen. Die weiße Schokolade hacken und unter Rühren im Wasserbad schmelzen. Über den Kuchen gießen, die Kirschen in die noch weiche Glasur drücken. Trocknen lassen.

Hefeteig

Birnenwähe

herrlich sahnig

Für 12 Stücke (Wäheform 28 cm Ø)

Für den Teig
110 ml Milch
½ Würfel frische Hefe
30 g Zucker
250 g Mehl (Type 550)
1 Prise Salz
1 zimmerwarmes Ei
25 g Butter

Für den Belag
600 g kleine reife Birnen

Für den Guss
2 Eier, 125 ml Sahne
4 El Zucker
1 P. Vanillezucker

Außerdem
Mehl für die Arbeitsfläche
Puderzucker zum Bestäuben
weiche Butter für die Form

Zubereitungszeit: ca. 30 Minuten (plus Zeit zum Gehen und Backzeit)
Pro Stück ca. 200 kcal/837 kJ

1 Die Hälfte der Milch in einem Topf lauwarm erwärmen, dann in eine Schüssel gießen. Die Hefe hineinbröckeln und mit 1 Teelöffel Zucker und 2 Esslöffeln Mehl zu einem glatten Brei verrühren. Die Hefemischung abdecken und ca. 30 Minuten ruhen lassen.

2 Das restliche Mehl in eine Schüssel sieben. Mit restlichem Zucker und Salz verrühren. In der Mitte eine Mulde formen. Das Ei in die Mulde geben. Die Butter zerlassen und lauwarm dazugießen. Die restliche Milch erwärmen und ebenfalls lauwarm dazugießen. Die Hefemischung dazugeben und alles verkneten. Abgedeckt an einem warmen Ort ca. 1 Stunde gehen lassen.

3 Die Wäheform einfetten. Den Teig durchkneten und auf einer bemehlten Arbeitsfläche etwas größer als die Form ausrollen. In die Form legen, dabei einen Rand hochziehen. Die Birnen schälen, halbieren und die Kerngehäuse herausschneiden. Die Birnenhälften mit der Wölbung nach oben kreisförmig auf den Teig legen. 15 Minuten gehen lassen.

4 Den Backofen auf 180 °C vorheizen. Für den Guss die Eier mit Sahne, Zucker und Vanillezucker verquirlen und über die Wähe gießen. Auf der mittleren Schiene ca. 40 Minuten backen. Noch warm mit Puderzucker bestäuben und servieren.

Rosenkuchen
mit Apfelfüllung

Für 20 Stücke
(Backblech ca. 30 x 40 cm)

Für den Hefeteig
300 ml Milch
750 g Mehl
60 g frische Hefe
125 g Zucker
125 g Butter
½ Tl Salz, 2 Eier

Für die Füllung
1,5 kg Äpfel
Schale und Saft von
1 unbehandelten Zitrone
150 g Zucker
120 ml Apfelsaft
1 Tl Zimt
1 P. Vanillepuddingpulver
75 g Butter

Außerdem
Mehl für die Arbeitsfläche
Butter für den Backrahmen

Zubereitungszeit: ca. 50 Minuten (plus Zeit zum Gehen und Backzeit)
Pro Stück ca. 340 kcal/1424 kJ

1 Die Milch erwärmen. 2 Esslöffel Mehl in eine Schüssel sieben, die Hefe dazukrümeln und 1 Esslöffel Zucker dazugeben. Ca. 150 ml lauwarme Milch dazugießen, verrühren und abdecken. Ca. 15 Minuten gehen lassen. Die Butter in der restlichen Milch zerlassen. Das restliche Mehl mit dem restlichen Zucker und dem Salz verrühren. Dann die Eier, die lauwarme Milch-Butter-Mischung und den Vorteig dazugeben. Alles glatt verkneten, abdecken und an einem warmen Ort ca. 1 Stunde gehen lassen.

2 Den Backofen auf 180 °C vorheizen. Ein Backblech mit Backpapier belegen. Einen eingefetteten Backrahmen darumstellen. Die Äpfel schälen, vierteln, entkernen und würfeln. Mit Zitronenschale, -saft, dem Zucker, der Hälfte des Apfelsafts und dem Zimt in einem Topf ca. 5 Minuten dünsten. Das Puddingpulver mit dem restlichen Apfelsaft glatt rühren, zur Apfelmischung geben und einmal aufwallen lassen. Vom Herd nehmen und abkühlen lassen.

3 Hefeteig halbieren. Eine Hälfte auf einer bemehlten Arbeitsfläche durchkneten und rechteckig (ca. 20 x 50 cm) ausrollen. Die Hälfte der Apfelmischung darauf verteilen, dabei einen Rand frei lassen. Längs aufrollen, in ca. 10 Scheiben schneiden und auf das Blech legen. Mit den restlichen Zutaten genauso verfahren. Nochmals ca. 15 Minuten gehen lassen. Die Butter darüber verteilen. Auf der mittleren Schiene ca. 40 Minuten backen.

Zwetschgenkuchen
aus Hefeteig

Für 20 Stücke
(Backblech ca. 30 x 40 cm)

250 ml Milch
500 g Mehl
20 g frische Hefe
80 g Zucker
50 g Butter
1 P. Vanillezucker
1 Prise Salz
2 kg Zwetschgen
Zucker zum Bestreuen

Außerdem
Zucker zum Bestreuen
Mehl für die Arbeitsfläche
Fett für das Blech

Zubereitungszeit: ca. 40 Minuten (plus Zeit zum Gehen und Backzeit)
Pro Stück ca. 200 kcal/837 kJ

1 Milch erwärmen. Mehl in eine große Schüssel sieben. In die Mitte des Mehls eine Mulde drücken. Hefe hineinbröckeln. 1 Teelöffel Zucker darüberstreuen. Hefe mit etwas lauwarmer Milch und etwas Mehl vom Rand zu einem Brei verrühren. Etwas Mehl darüberstäuben. Vorteig etwa 10 Minuten zugedeckt an einem warmen Ort gehen lassen.

2 Butter zerlassen, in die Milch rühren und die Flüssigkeit lauwarm abkühlen lassen. Restlichen Zucker, Vanillezucker, Salz und die lauwarme Flüssigkeit zu dem Teig geben und alles verkneten. Abgedeckt an einem warmen Ort etwa 1 Stunde gehen lassen, bis sich sein Volumen verdoppelt hat. Teig noch einmal gut mit den Händen durchkneten.

3 Blech einfetten. Den Teig auf einer bemehlten Arbeitsfläche ausrollen, dann auf das Blech legen. Ofen auf 200–225 °C vorheizen. Für den Belag die Zwetschgen waschen, trocken reiben, halbieren und entsteinen. Die Zwetschgenhälften dachziegelartig auf den Teig legen. Den Teig nochmals etwa 10 Minuten an einem warmen Ort gehen lassen.

4 20–30 Minuten auf mittlerer Schiene backen. Den Kuchen abkühlen lassen und mit Zucker bestreuen.

Kirschkuchen
mit Schmandcreme

Für 20 Stücke
(Backblech ca. 30 x 40 cm)

Für den Teig
220 ml Milch
30 g frische Hefe
220 g Zucker
500 g Mehl (Type 550)
80 g Butter
1 zimmerwarmes Ei
1 Prise Salz

Für Belag und Puddingcreme
1 kg Sauerkirschen
500 ml Milch
50 g Zucker
1 P. Vanillepuddingpulver
1 Ei, 1 Eigelb

Für die Schmandcreme
250 g Schmand, 50 g Zucker
2 P. Vanillezucker, 3 Eier

Außerdem
weiche Butter für das Blech
Mehl für die Arbeitsfläche
4 El brauner Zucker zum Bestreuen

1 Für den Teig die Milch lauwarm erwärmen. In eine Schüssel geben und die Hefe hineinbröckeln. 1 Teelöffel Zucker und 3 Esslöffel Mehl unterrühren. Alles glatt rühren. Die Hefemischung abdecken und ca. 15 Minuten ruhen lassen.

2 Das restliche Mehl in eine Schüssel sieben und in der Mitte eine Mulde formen. Die Butter zerlassen. Die Hefemischung in die Mulde gießen. Die gerade noch flüssige lauwarme Butter, den restlichen Zucker, das Ei und Salz dazugeben. Mit einem feuchten Tuch bedeckt an einem warmen Ort ca. 1 Stunde gehen lassen.

3 Für den Belag die Sauerkirschen waschen und trocken tupfen. Die Stiele entfernen und die Früchte entsteinen. Für die Puddingcreme 5 Esslöffel Milch mit dem Zucker und dem Puddingpulver glatt rühren. Die restliche Milch aufkochen. Das angerührte Puddingpulver unterrühren und in die kochende Milch gießen. Einmal aufkochen lassen, dann von der Herdplatte ziehen. Das Ei mit dem Eigelb in einer Tasse verquirlen. Sofort mit dem Schneebesen unter die noch sehr heiße Puddingmasse rühren.

4 Den Hefeteig durchkneten und ein Backblech mit etwas Butter einfetten. Den Teig auf einer bemehlten Arbeitsfläche mit einem bemehlten Nudelholz etwas größer als das Backblech ausrollen. Auf das Blech legen und mehrfach mit einer Gabel einstechen.

5 Den Backofen auf 180 °C vorheizen. Die noch warme Puddingcreme auf den Teigboden streichen. Die Sauerkirschen darauf verteilen.

6 Für den Schmandguss den Schmand mit Zucker und Vanillezucker in eine Rührschüssel geben. Die Eier trennen. Eigelb zum Schmand verrühren. Eiweiß steif schlagen und unterheben. Über den Sauerkirschen verteilen. Den Kuchen auf der unteren Schiene ca. 45 Minuten backen. Den noch heißen Kuchen mit braunem Zucker bestreuen. Abkühlen lassen, erst dann servieren.

Zubereitungszeit: ca. 40 Minuten (plus Zeit zum Gehen und Backzeit)
Pro Stück ca. 270 kcal/1130 kJ

Quittenkuchen
mit Marzipanstreuseln

Für ca. 20 Stücke (Backblech ca. 30 x 40 cm)

Für den Teig
500 g Dinkel-Vollkornmehl
1 Würfel Hefe (42 g)
80 g Roh-Rohrzucker
180 ml lauwarme Milch
1 Prise Salz
100 g Butter, 2 Eier

Für den Belag
2 kg Quitten
1 unbehandelte Zitrone
4 El Roh-Rohrzucker
1 Tl Zimt

Für die Streusel
150 g Marzipankartoffeln
100 g Butter, 200 g Mehl
100 g Roh-Rohrzucker
1 Prise Salz

Außerdem
Mehl für die Arbeitsfläche

Zubereitungszeit: ca. 45 Minuten (plus Zeit zum Gehen und Backzeit)
Pro Stück ca. 286 kcal/1197 kJ

1 Für den Teig das Mehl in eine Schüssel sieben. Eine Mulde formen und die Hefe hineinbröckeln. Mit 1 Esslöffel Zucker, ungefähr ⅓ der Milch, dem Salz und etwas Mehl vom Rand verrühren. Abdecken und den Vorteig ca. 15 Minuten gehen lassen.

2 Die Butter schmelzen und wieder etwas abkühlen lassen. Mit den Eiern, der restlichen Milch und dem restlichen Zucker in die Schüssel geben. Alles glatt verkneten. Abgedeckt an einem warmen Ort windgeschützt ca. 1 Stunde gehen lassen, bis der Teig sein Volumen verdoppelt hat.

3 Die Quitten waschen, schälen, entkernen und in Spalten schneiden. Die Zitrone heiß waschen und trocken reiben. Die Schale dünn abreiben, die Frucht auspressen. Quitten mit Zitronensaft, -schale, Zucker und Zimt in ca. 150 ml Wasser etwa 40 Minuten weich dünsten. Vom Herd nehmen und abkühlen lassen.

4 Den Backofen auf 180 °C vorheizen. Ein Backblech mit Backpapier belegen. Für die Streusel die Marzipankartoffeln hacken und mit allen anderen Zutaten verkneten. Bis zur weiteren Verwendung kalt stellen.

5 Den Teig auf einer bemehlten Arbeitsfläche ausrollen. Auf das Backblech legen und die Quitten darauf verteilen. Ca. 15 Minuten gehen lassen. Dann den Streuselteig darüberkrümeln. Auf mittlerer Schiene ca. 25 Minuten backen.

Pflaumenkuchen
mit Quarkguss

Für 20 Stücke
(Backblech ca. 30 x 40 cm)

Für den Teig
200 ml Milch
1 Würfel Hefe (42 g)
50 g Zucker
400 g Mehl (Type 550)
1 P. Vanillezucker
1 Prise Salz
1 zimmerwarmes Ei
50 g Butter

Für Belag und Guss
2,5 kg Pflaumen
100 g weiche Butter
150 g Zucker, 2 Eier
500 g Magerquark
1 P. Vanillepuddingpulver
125 ml Milch

Außerdem
Hagelzucker zum Bestreuen
weiche Butter für das Blech
Mehl für die Arbeitsfläche

Zubereitungszeit: ca. 30 Minuten (plus Zeit zum Gehen und Backzeit)
Pro Stück ca. 270 kcal/1130 kJ

1 Für den Hefeteig die Milch in einem Topf lauwarm erwärmen. In eine Schüssel gießen. Die Hefe hineinbröckeln und mit 1 Teelöffel Zucker und 2 Esslöffeln Mehl zu einem glatten Brei verrühren. Die Hefemischung abdecken und ca. 30 Minuten ruhen lassen.

2 Das restliche Mehl in eine Schüssel sieben. Mit restlichem Zucker, Vanillezucker und Salz verrühren. In der Mitte eine Mulde formen. Das Ei in die Mulde geben. Die Butter zerlassen und lauwarm dazugießen. Die Hefemischung dazugeben und alles verkneten. Falls der Teig klebt, etwas Mehl dazukneten. Den Teig zur Kugel rollen und in die Schüssel geben. Die Schüssel mit einem feuchten Tuch abdecken und den Teig an einem warmen Ort ca. 1 Stunde gehen lassen.

3 Für den Belag die Pflaumen waschen, trocken reiben, halbieren und die Steine entfernen. Das Backblech einfetten. Den Teig durchkneten und auf einer bemehlten Arbeitsfläche etwas größer als das Backblech ausrollen. Auf das Backblech legen, dabei einen Rand hochziehen. Die Pflaumen mit der dunklen Seite nach unten auf dem Teig verteilen. Abgedeckt weitere 15 Minuten gehen lassen.

4 Den Backofen auf 200 °C vorheizen. Für den Quarkguss die Butter mit dem Zucker mit den Rührbesen des Handrührgeräts schaumig rühren. Die Eier nach und nach darunterquirlen. Den Quark dazugeben und ebenfalls unterrühren. Vanillepuddingpulver mit der Milch in einer Tasse verrühren, dann unter die Quarkcreme rühren. Den Quarkguss über die Pflaumen gießen. Den Kuchen auf der mittleren Schiene ca. 30 Minuten backen. Herausnehmen, sofort mit Hagelzucker bestreuen und abkühlen lassen.

Variation

Der Kuchen schmeckt auch mit Streuseln sehr gut! Dafür 300 g Mehl mit 150 g Butter, 150 g Zucker und 1 Eigelb krümelig verkneten und nach 10 Minuten Backzeit über den Quarkguss streuen.

Käsekuchen
mit Mandarinen

Für 20 Stücke
(Backblech ca. 30 x 40 cm)

Für den Hefeteig
500 g Mehl
1 Würfel Hefe (42 g)
120 g Zucker
175 ml lauwarme Milch
75 g Butter, 1 Ei
1 Prise Salz

Für den Belag
1 Dose Mandarinen (Abtropfgewicht 480 g)
500 g Magerquark
500 g Speisequark (20 %)
200 ml Milch, 250 g Zucker
2 Zitronen, 6 Eier
1 Prise Salz
1 P. Vanillepuddingpulver

Außerdem
Mehl für die Arbeitsfläche
Butter für den Backrahmen

Zubereitungszeit: ca. 40 Minuten (plus Zeit zum Gehen und Backzeit)
Pro Stück ca. 300 kcal/1256 kJ

1 1 Esslöffel Mehl in eine Schüssel geben, die Hefe dazukrümeln und 1 Teelöffel Zucker unterrühren. Mit etwas lauwarmer Milch verrühren. Abdecken und ca. 15 Minuten gehen lassen.

2 Die Butter in die restliche warme Milch geben und darin zerlassen. Das restliche Mehl in eine Schüssel geben. Ei und Salz dazugeben, dann den Vorteig und die Milch-Butter-Mischung. Alles glatt verkneten. Abdecken und an einem warmen Ort ca. 1 Stunde ruhen lassen.

3 Die Mandarinen in einem Sieb abtropfen lassen. Beide Quarksorten mit der Milch und 100 g Zucker in einer Schüssel verrühren. Den Backofen auf 160 °C vorheizen, ein Blech mit Backpapier belegen und einen gebutterten Backrahmen darumstellen.

4 Die Zitronen auspressen. Die Eier trennen. Eiweiß mit Salz steif schlagen. Eigelb mit dem restlichen Zucker hellgelb verquirlen. Die Quarkmischung, den Zitronensaft und das Puddingpulver dazugeben. Alles glatt verquirlen, dann den Eischnee unterheben.

5 Den Hefeteig auf einer bemehlten Arbeitsfläche ausrollen. Auf das Blech legen, ca. 10 Minuten gehen lassen, dann die Mandarinen darauf verteilen. Die Quarkmasse darübergeben und den Kuchen auf der mittleren Schiene ca. 50 Minuten backen. Im Ofen abkühlen lassen.

Rupfkuchen
mit Sauerkirschen

Für 20 Stücke
(Backblech ca. 30 x 40 cm)

Für den Teig
1 Zitrone, 500 g Mehl
100 g Zucker, Salz
1 P. Vanillezucker
150 g Butter
1 Würfel Hefe (42 g)
175 ml lauwarme Milch

Für den Belag
500 ml Milch, 250 g Zucker
1 P. Vanillepuddingpulver
2 Gläser Sauerkirschen
125 g Rosinen
100 g gehackte Mandeln
250 g Kokosraspel
100 g Mehl, 1 Ei
125 g Butter
50 g saure Sahne

Außerdem
Mehl für die Arbeitsfläche
Fett für das Blech

Zubereitungszeit: ca. 45 Minuten
(plus Zeit zum Gehen und Backzeit)
Pro Stück ca. 475 kcal/1989 kJ

1 Für den Teig die Zitrone heiß abwaschen, trocknen und die Schale fein abreiben. Das Mehl mit Zucker, 1 Prise Salz, Vanillezucker, Zitronenschale und Butter in eine Schüssel geben. Die Hefe in der lauwarmen Milch auflösen und unter die Mehlmischung kneten. Den Teig abgedeckt an einem warmen Ort mindestens 60 Minuten gehen lassen.

2 Anschließend den Teig kräftig durchkneten und auf einer bemehlten Arbeitsfläche ausrollen. Teigplatte auf ein gefettetes Backblech legen und weitere 15 Minuten gehen lassen.

3 Inzwischen für den Belag aus Milch, 80 g Zucker und dem Puddingpulver einen Pudding kochen und auskühlen lassen. Die Sauerkirschen in einem Sieb abtropfen lassen.

4 Den Backofen auf 175 °C vorheizen. Die Rosinen mit den Mandeln und der Hälfte der Kokosraspeln unter den Pudding heben und die Puddingmasse auf dem Teig verteilen. Die abgetropften Sauerkirschen auf der Puddingmasse verteilen.

5 Den restlichen Zucker mit den restlichen Kokosraspeln, dem Mehl, dem Ei, der Butter und der sauren Sahne zu einem Teig verkneten. Den Teig in Flocken auf den Sauerkirschen verteilen. Den Kuchen im Backofen etwa 40 Minuten goldgelb backen.

Streuselkuchen
mit Johannisbeeren und Quarkcreme

Für 20 Stücke
(Backblech ca. 30 x 40 cm)

Für den Hefeteig
125 ml Milch
300 g Mehl
½ Würfel Hefe (21 g)
40 g Zucker
40 g Butter, 1 Ei
1 Prise Salz

Für die Streusel
125 g Butter
200 g Mehl
125 g Zucker
1 Prise Salz
1 Ei

Für den Belag
750 g rote Johannisbeeren
500 g Quark
1 EL abgeriebene Schale von unbehandelter Zitrone
3 Eier
1 Prise Salz
40 g Butter
100 g Zucker
1 P. Vanillepuddingpulver

1 Für den Hefeteig die Milch erwärmen. 1 Esslöffel Mehl in eine Schüssel geben. Die Hefe hineinbröckeln und 1 Teelöffel Zucker unterrühren. Etwas lauwarme Milch hinzugießen, alles mit einer Gabel verrühren, dann abdecken und ca. 15 Minuten gehen lassen.

2 Die Butter in der restlichen Milch zerlassen. Das restliche Mehl mit dem restlichen Zucker, dem Salz und dem Ei in eine Schüssel geben. Den Vorteig und die Milch-Butter-Mischung hinzugeben. Alles glatt verkneten, abdecken und an einem warmen Ort ca. 1 Stunde gehen lassen.

3 Für die Streusel die Butter in Stücke schneiden. Mit Mehl, Zucker, Salz und Ei in eine Schüssel geben und alles glatt verkneten. In Folie wickeln und ca. 30 Minuten kalt stellen.

4 Den Backofen auf 180 °C vorheizen. Ein Backblech mit Backpapier auslegen. Für den Belag die Johannisbeeren waschen, vorsichtig trocken tupfen, dann erst von den Rispen zupfen. Den Quark abtropfen lassen, mit der Zitronenschale verrühren. Die Eier trennen. Eiweiß mit Salz steif schlagen. Butter und Zucker ca. 10 Minuten schaumig rühren. Dann Eigelb nach und nach darunterrühren. Das Puddingpulver darübersieben. Die Quarkmischung hinzugeben und alles verrühren. Zum Schluss den Eischnee unterheben.

5 Den Hefeteig nochmals kräftig durchkneten, dann auf einer bemehlten Arbeitsfläche ausrollen und das Backblech damit belegen. Die Quarkmasse daraufstreichen, dann die Johannisbeeren daraufstreuen. Zum Schluss den Streuselteig darüberkrümeln. Auf der mittleren Schiene ca. 35 Minuten backen. Herausnehmen und abkühlen lassen.

Außerdem

Mehl für die Arbeitsfläche

Zubereitungszeit: ca. 45 Minuten (plus Zeit zum Gehen und Backzeit)
Pro Stück ca. 250 kcal/1047 kJ

Buchtelkuchen
mit Zwetschgen

Für 16 Stücke
(Springform 28 cm Ø)

Für den Teig
750 g Mehl
1 Würfel Hefe (42 g)
200 g Zucker
250 ml lauwarme Milch
190 g Butter
1 Eigelb, 1 Ei
1 Prise Salz
1 P. Vanillezucker

Für die Füllung
750 g Zwetschgen
4 El Zucker
1 Nelke
½ Zimtstange

Außerdem
1 Eigelb
2–3 El Milch
Fett für die Form
Mehl für die Arbeitsfläche

Zubereitungszeit: ca. 50 Minuten (plus Zeit zum Gehen und Backzeit)
Pro Stück ca. 359 kcal/1504 kJ

1 Das Mehl in eine Schüssel sieben, eine Vertiefung in die Mitte drücken. Die Hefe hineinbröckeln, mit 1 Teelöffel Zucker, 10 Esslöffeln Milch und etwas Mehl vom Rand leicht verrühren. Zugedeckt an einem warmen Ort ca. 10 Minuten gehen lassen.

2 Den restlichen Zucker, Butter in Flöckchen, Eigelb, Ei, Salz, Vanillezucker und die restliche lauwarme Milch dazugeben und alles zu einem glatten Teig verkneten. Teig in einer Schüssel und mit einem Küchentuch bedeckt an einem warmen Ort 45–60 Minuten gehen lassen, bis sich sein Volumen verdoppelt hat.

3 Die Zwetschgen waschen, halbieren und entsteinen. In wenig Wasser mit Zucker, Nelke und Zimt andünsten (sie dürfen nicht ganz gar sein), dann abtropfen lassen.

4 Eine Springform einfetten. Den Hefeteig auf einer bemehlten Arbeitsfläche durchkneten. Dann ca. 16 dicke Klöße daraus formen. Die Pflaumen darin einschlagen, die Teigklöße zudrücken und mit der Nahtstelle nach unten nebeneinander in die Springform setzen. Nochmals 20 Minuten gehen lassen.

5 Den Ofen auf 200 °C vorheizen. Eigelb und Milch verquirlen und den Kuchen damit bestreichen. 40–50 Minuten auf mittlerer Schiene backen.

Heidelbeerwähe
mit Sahneguss

Für 12 Stücke
(Wäheform 28 cm Ø)

Für den Teig
125 ml Milch
½ Würfel frische Hefe (21 g)
30 g Zucker
250 g Mehl
1 Prise Salz
1 Ei
25 g Butter

Für den Belag
550 g Heidelbeeren
2 Eier
125 ml Sahne
80 g Zucker
1 P. Vanillezucker
1 Prise Zimt

Außerdem
Butter für die Form
Mehl für die Arbeitsfläche
Puderzucker zum Bestäuben

Zubereitungszeit: ca. 40 Minuten (plus Zeit zum Gehen und Backzeit)
Pro Stück ca. 208 kcal/871 kJ

1 Für den Vorteig die Milch in einem Topf erwärmen, bis sie lauwarm ist. Die Hefe hineinbröckeln, 1 gute Prise Zucker dazugeben und 2 Esslöffel Mehl hineinrühren. Abgedeckt ca. 30 Minuten gehen lassen.

2 Das restliche Mehl mit dem restlichen Zucker und dem Salz in einer Schüssel mischen, eine Mulde hineindrücken und das Ei in die Mulde geben. Die Butter in Flöckchen über das Ei geben, dann den Vorteig dazugeben. Alles miteinander zu einem glatten Teig verkneten. Erneut abdecken und an einem warmen Platz weitere 60 Minuten gehen lassen.

3 Eine Wäheform mit Butter einfetten, den Backofen auf 180 °C vorheizen. Die Heidelbeeren waschen, vorsichtig trocken tupfen, eventuell noch vorhandene Stiele entfernen. Den Hefeteig nochmals durchkneten, auf einer bemehlten Arbeitsplatte ausrollen und die Wäheform damit auskleiden. Die Heidelbeeren auf dem Teigboden verteilen.

4 Die Eier mit der Sahne, dem Zucker, dem Vanillezucker und dem Zimt verquirlen, über die Heidelbeeren gießen und alles für ca. 40 Minuten im Ofen backen. Noch warm mit Puderzucker bestäuben.

Apfelkuchen
mit Krokantstreuseln

Für 12 Stücke (Springform 26 cm Ø)

Für den Hefeteig
250 g Mehl
½ Würfel frische Hefe (21 g)
50 g Zucker
100 ml lauwarme Milch
50 g Butter, 1 Ei
1 P. Vanillezucker

Für die Streusel
100 g Mehl, 50 g Krokant
50 g brauner Zucker
1 Msp. Zimt, 80 g Butter
1 Prise Salz

Für Guss und Belag
1 Vanilleschote
150 g Apfelmus
200 g Crème fraîche
2 Eier, 1 Eigelb
40 g Zucker
500 g Äpfel (z.B. Elstar)
1 El Zitronensaft
2 El Krokant

1 Für den Hefeteig das Mehl in eine Schüssel sieben. In die Mitte eine Mulde drücken und die Hefe hineinbröckeln. Mit 1 Esslöffel Zucker bestreuen und mit der Hälfte der lauwarmen Milch verrühren. Dabei etwas Mehl vom Rand hinzurühren. Die Schüssel abdecken und den Vorteig ca. 15 Minuten gehen lassen.

2 Die Butter schmelzen und wieder etwas abkühlen lassen. Zusammen mit den restlichen Teigzutaten ebenfalls in die Schüssel geben und alles ca. 5 Minuten glatt verkneten. Der Teig sollte nicht mehr kleben. Die Schüssel mit einem Küchentuch abdecken und den Teig an einem warmen Ort ca. 1 Stunde gehen lassen, bis sich sein Volumen verdoppelt hat.

3 Währenddessen für die Streusel alle Zutaten miteinander verkneten. In Folie wickeln und bis zur weiteren Verwendung kalt stellen.

4 Den Backofen auf 160 °C vorheizen. Eine Springform mit Butter einfetten. Den Teig nochmals kräftig durchkneten, dann auf der bemehlten Arbeitsfläche ausrollen und die Form damit auskleiden.

5 Für den Guss die Vanilleschote längs aufschneiden. Das Mark herauskratzen. Mit Apfelmus, Crème fraîche, den Eiern, Eigelb und dem Zucker verquirlen.

6 Für den Belag die Äpfel waschen, schälen, vierteln und die Kerngehäuse entfernen. Das Fruchtfleisch in Spalten schneiden und sofort mit dem Zitronensaft mischen.

7 Krokant auf den Teigboden streuen. Die Apfelspalten darauf verteilen. Dann den Guss darübergießen und zum Schluss die Streusel darüberstreuen. Den Kuchen auf der mittleren Schiene ca. 45 Minuten backen.

Außerdem

Mehl für die Arbeitsfläche
Butter für die Form

Zubereitungszeit: ca. 45 Minuten (plus Zeit zum Gehen und Backzeit)
Pro Stück ca. 350 kcal/1465 kJ

Quarkkuchen
aus Schlesien

Für 16 Stücke
(Backblech ca. 25 x 35 cm)

Für die Streusel
200 g Mehl, 200 g Butter
200 g Zucker, 1 Tl Zimt

Für den Hefeteig
375 g Mehl
1 Würfel Hefe (42 g)
125 ml lauwarme Milch
50 g Zucker, 1 Ei
75 g weiche Butter
1 Prise Salz

Für den Belag
1,5 kg Zwetschgen
3 Eier, 1 Prise Salz
120 g Zucker
500 g Magerquark
200 g Schmand
abgeriebene Schale von 1 unbehandelten Zitrone
1 P. Vanillepuddingpulver
60 g zerlassene Butter

Zubereitungszeit: ca. 1 Stunde (plus Zeit zum Gehen und Backzeit)
Pro Stück ca. 493 kcal/2064 kJ

1 Für die Streusel alle Zutaten zu einem glatten Teig verkneten. In Frischhaltefolie wickeln und bis zur Weiterverarbeitung in den Kühlschrank legen.

2 Ein Backblech mit hohem Rand mit Backpapier auslegen. Für den Hefeteig das Mehl in eine Schüssel sieben. Eine Mulde hineinformen und die Hefe hineinbröckeln. Milch und 1 Esslöffel Zucker zugeben, mit der Hefe vorsichtig verrühren und die Mischung mit etwas Mehl vom Rand bestäuben. Die Schüssel abdecken und den Vorteig etwa 15 Minuten an einem warmen Ort gehen lassen. Die restlichen Zutaten unterkneten, den Teig in der abgedeckten Schüssel wieder etwa 60 Minuten gehen lassen, bis sich das Volumen etwa verdoppelt hat.

3 In der Zwischenzeit die Zwetschgen waschen, trocken tupfen, halbieren und entsteinen. Für die Quarkfüllung die Eier trennen und das Eiweiß mit dem Salz steif schlagen. Eigelb mit dem Zucker schaumig rühren, Quark und Schmand unterrühren, dann Zitronenabrieb, Puddingpulver und Butter unterrühren. Zuletzt den Eischnee unterheben.

4 Den Backofen auf 180 °C vorheizen. Den Hefeteig auf dem Backblech ausrollen. Zunächst die Quarkmasse, dann die Zwetschgen darauf verteilen. Den Streuselteig über die Zwetschgen bröseln und den Kuchen im Ofen 45–55 Minuten backen.

Aprikosenkuchen
mit Streuseln

Für 20 Stücke
(Backblech ca. 30 x 40 cm)

Für den Hefeteig
200 ml Milch
500 g Mehl
1 Würfel Hefe (42 g)
120 g Zucker
75 g Butter
1 Ei, 1 Prise Salz

Für den Belag
1,2 kg Aprikosen
4 El brauner Zucker

Für die Streusel
100 g kalte Butter
50 g Marzipanrohmasse
200 g Mehl
100 g Zucker
1 Prise Salz, 2 Eigelb

Außerdem
Mehl für die Arbeitsfläche
Butter für den Backrahmen

Zubereitungszeit: ca. 40 Minuten (plus Zeit zum Gehen und Backzeit)
Pro Stück ca. 300 kcal/1256 kJ

1 Für den Hefeteig die Milch erwärmen. 1 Esslöffel Mehl in eine Schüssel geben, die Hefe dazukrümeln und 1 Esslöffel Zucker unterrühren. Dann mit etwas lauwarmer Milch verrühren. Abdecken und ca. 15 Minuten gehen lassen.

2 Die Butter in die restliche warme Milch geben und darin zerlassen. Das restliche Mehl in eine Schüssel sieben. Ei und Salz dazugeben, dann den Vorteig und die Milch-Butter-Mischung. Alles glatt verkneten. Abdecken und an einem warmen Ort ca. 1 Stunde ruhen lassen.

3 Den Backofen auf 180 °C vorheizen. Ein Backblech mit Backpapier auslegen. Die Aprikosen waschen, trocknen, halbieren und entsteinen. Den Hefeteig auf einer bemehlten Arbeitsfläche nochmals durchkneten, dann ausrollen und das Blech damit auslegen. Die Aprikosen mit der Schnittfläche nach oben auf dem Teig verteilen. Mit dem braunen Zucker bestreuen und alles nochmals 15 Minuten ruhen lassen.

4 Für die Streusel die Butter und die Marzipanrohmasse in Stücke schneiden und mit den restlichen Zutaten verkneten. Über die Aprikosen verteilen. Den Kuchen auf der mittleren Schiene ca. 45 Minuten backen.

Mürbeteig

Beerenkuchen
mit Rosmarinstreuseln

Für 20 Stücke
(Backblech ca. 30 x 40 cm)

Für Boden und Streusel

2 Zweige Rosmarin
300 g Butter
500 g Mehl
200 g brauner Zucker
1 Prise Salz
1 Ei

Für die Beerenmasse

1 kg gemischte Waldbeeren (TK)
150 g Zucker
½ Tl Zimt
1 ½ El Speisestärke
3 El Kirschwasser

Außerdem

Mehl für die Arbeitsfläche
Puderzucker zum Bestäuben

Zubereitungszeit: ca. 45 Minuten
(plus Kühl- und Backzeit)
Pro Stück ca. 260 kcal/1089 kJ

1 Für den Teig den Rosmarin waschen und trocken tupfen. Die Nadeln abzupfen und fein hacken. Die Butter in Stücke schneiden. Mit Rosmarin und allen übrigen Teigzutaten zügig verkneten. In Folie wickeln und ca. 30 Minuten kalt stellen.

2 Den Backofen auf 180 °C vorheizen. Ein Backblech mit Backpapier auslegen. Die Waldbeeren mit Zucker und Zimt in einen Topf geben und aufkochen. Die Speisestärke mit Kirschwasser glatt rühren und die Beerenmischung damit binden. Vom Herd nehmen und abkühlen lassen.

3 Die Hälfte des Teiges auf einer bemehlten Arbeitsfläche ausrollen und das Blech damit auslegen. Mit einer Gabel mehrfach einstechen. Die Beerenmasse darauf verteilen. Den restlichen Teig in Streuseln darüberkrümeln. Auf der mittleren Schiene ca. 35 Minuten backen. Aus dem Ofen nehmen, abkühlen lassen und mit Puderzucker bestäubt servieren.

Allgäuer Kirschkuchen
mit Puddingcreme

Für 12 Stücke (Springform 26 cm Ø)

Für den Teig
250 g Mehl
125 g kalte Butter
75 g Zucker
2 P. Vanillezucker
1 Prise Salz, 1 Ei
½ Tl Backpulver

Für den Belag
500 ml Milch
1 P. Vanillepuddingpulver
2 El Zucker
1 Glas Sauerkirschen (Abtropfgewicht 350 g)
60 g Butter, 5 El Sahne
60 g Zucker
100 g Mandelstifte
2 El Semmelbrösel

Außerdem
Mehl für die Arbeitsfläche
Butter für die Form

Zubereitungszeit: ca. 1 Stunde (plus Kühl- und Backzeit)
Pro Stück ca. 380 kcal/1591 kJ

1 Das Mehl in eine Schüssel sieben und die Butter in Flöckchen darauf verteilen. Zucker, Vanillezucker, Salz, Ei und Backpulver dazugeben. Zügig zu einem glatten Teig verkneten und zur Kugel rollen. In Frischhaltefolie gewickelt ca. 30 Minuten kühlstellen.

2 Für den Belag 5 Esslöffel der Milch abnehmen und in eine Tasse geben. Die restliche Milch aufkochen. Puddingpulver mit der kalten Milch und Zucker glatt rühren. Unter ständigem Rühren zur kochenden Milch gießen und 3 Minuten kochen lassen. Vom Herd nehmen und erkalten lassen. Dabei immer wieder umrühren.

3 Den Ofen auf 180 °C vorheizen. Eine Springform einfetten. Die Kirschen in einem Sieb abtropfen lassen. Die Butter in einer Pfanne zerlassen. Sahne, Zucker und Mandeln einrühren. Die Pfanne vom Herd nehmen.

4 Den Teig auf einer bemehlten Arbeitsfläche rund und ca. 4 cm größer als die Springform ausrollen. In die Form legen und dabei einen Rand formen. Die Semmelbrösel gleichmäßig auf den Teigboden streuen. Die Kirschen darauf verteilen. Den Vanillepudding darübergeben und glatt streichen. Die Butter-Mandel-Mischung darauf verteilen. Den Kuchen auf der mittleren Schiene ca. 50 Minuten backen. 10 Minuten in der Form abkühlen lassen, dann aus der Form lösen und erkalten lassen.

Mirabellentarte
mit Olivenölstreuseln

Für 24 Stücke (Backblech ca. 30 x 40 cm)

Für Boden und Streusel
200 g Butter
500 g Mehl
1 Tl Backpulver
175 g Zucker
½ Tl Salz
100 ml fruchtiges Olivenöl
1 El abgeriebene Schale von 1 unbehandelten Orange
1 Ei

Für den Belag
1,2 kg Mirabellen
200 g Marzipanrohmasse
75 g Zucker
1 P. Vanillepuddingpulver

Außerdem
Puderzucker zum Bestäuben
Mehl für die Arbeitsfläche

Zubereitungszeit: ca. 45 Minuten (plus Kühl- und Backzeit)
Pro Stück ca. 300 kcal/1256 kJ

1 Für den Teig die Butter in kleine Stücke schneiden. Das Mehl mit Backpulver mischen und in eine Schüssel sieben. Die Butter und alle anderen Teigzutaten hinzugeben. Alles glatt verkneten. In Folie wickeln und ca. 30 Minuten kühl stellen.

2 Den Backofen auf 180 °C vorheizen. Ein Backblech mit Backpapier auslegen. Die Mirabellen waschen, trocknen, halbieren und entsteinen. Die Marzipanrohmasse klein hacken und mit Zucker, Vanillepuddingpulver und den Mirabellen mischen.

3 ⅔ des Teiges auf einer bemehlten Arbeitsfläche ausrollen und das Backblech damit belegen. Die Mirabellenmischung darauf verteilen. Den restlichen Teig in Streuseln darüberkrümeln. Auf der mittleren Schiene ca. 40 Minuten backen. Herausnehmen und mit Puderzucker bestäubt servieren.

Tipp
Backen Sie diesen Kuchen auch mit gewürfelten Pflaumen, Zwetschgen oder Aprikosen. Auch Kirschen können Sie gut verwenden, dann aber die Orangenschale im Teig weglassen.

Apfel-Quark-Kuchen
mit Rosinen

Für 16 Stücke
(Springform 26 cm Ø)

Für den Teig
200 g Mehl
75 g Butter
75 g Zucker
1 Ei
1 Prise Salz

Für den Belag
750 g Äpfel
30 g Zucker
1 El Zitronensaft
3 Eier
1 Prise Salz
250 g Magerquark
80 g Zucker
1 P. Vanillezucker
30 g Rosinen

Außerdem
Puderzucker zum Bestäuben
Butter für die Form

Zubereitungszeit: ca. 40 Minuten
(plus Kühl- und Backzeit)
Pro Stück ca. 179 kcal/749 kJ

1 Für den Teig Mehl, Butter, Zucker, Ei und Salz zügig zu einem Teig verkneten, in Folie wickeln und ca. 30 Minuten kühl stellen.

2 Den Backofen auf 200 °C vorheizen, eine Springform mit Butter einfetten. 2/3 des Teiges ausrollen und den Boden, nicht den Rand der Springform, damit auslegen. Mehrfach mit einer Gabel einstechen, dann ca. 10 Minuten vorbacken. Herausnehmen und abkühlen lassen.

3 Die Hitze des Backofens auf 180 °C reduzieren. Den restlichen Teig zu einer Rolle formen und damit den Rand der Springform auskleiden. Die Äpfel schälen, das Kerngehäuse entfernen und das Fruchtfleisch in Stücke schneiden. Sofort mit Zucker und Zitronensaft vermengen.

4 2 Eier trennen. Eiweiß mit Salz steif schlagen und kühl stellen. Eigelb und restliches Ei mit Quark, Zucker und Vanillezucker verrühren. Dann die Rosinen hineingeben, zum Schluss den Eischnee in zwei Portionen unterheben.

5 Die Äpfel auf dem Kuchenboden verteilen, die Quarkmasse darübergeben. Glatt streichen und ca. 60 Minuten backen. Falls der Kuchen zu dunkel wird, mit Alufolie lose abdecken. Den Kuchen in der Form abkühlen lassen und mit Puderzucker bestäubt servieren.

Apple Pie
very british

Für 12 Stücke
(Tarteform 26 cm Ø)

Für den Teig
300 g Mehl
175 g kalte Butter
40 g Zucker
½ Tl Salz, ½ Tl Zimt

Für den Belag
abgeriebene Schale und Saft von 1 unbehandelten Zitrone
1,5 kg säuerliche Äpfel (z. B. Berlepsch)
170 g brauner Zucker
20 g Mehl
1 Msp. Zimt
1 Msp. Muskat
1 El Milch

Außerdem
1 Ei zum Bestreichen
weiche Butter für die Form
Mehl für die Arbeitsfläche

Zubereitungszeit: ca. 50 Minuten (plus Kühl- und Backzeit)
Pro Stück ca. 350 kcal/1465 kJ

1 Für den Teig alle Zutaten zügig zu einem glatten Teig verkneten. Zur Kugel rollen und in Frischhaltefolie wickeln. Mindestens 30 Minuten im Kühlschrank ruhen lassen.

2 Den Zitronensaft in eine Schüssel geben. Die Äpfel schälen, vierteln, entkernen und die Apfelviertel quer in Scheiben schneiden. Zum Zitronensaft geben und mit diesem vermischen. Braunen Zucker, Mehl, Zitronenschale, Zimt, Muskat und Milch ebenfalls in die Schüssel geben. Alles miteinander vermengen.

3 Den Backofen auf 200 °C vorheizen. Die Form einfetten. ⅔ des Teiges auf einer bemehlten Arbeitsfläche rund und ca. 4 cm größer als die Form ausrollen. Den Teig in die Form legen und dabei einen Rand formen. Die Apfelmischung auf dem Teigboden verteilen. Den restlichen Teig auf einer bemehlten Arbeitsfläche ausrollen und mit einem Teigrädchen Streifen von ca. 1,5 cm Breite ausschneiden. Diese gitterartig auf den Kuchen legen. Den hochgezogenen Rand nach innen klappen und so die Ansätze der Gitterstreifen bedecken. Das Ei verquirlen. Den Rand und das Gitter des Kuchens damit bestreichen.

4 Den Kuchen auf der mittleren Schiene ca. 60 Minuten backen, dabei nach 10 Minuten die Temperatur auf 180 °C herunterschalten. Den Kuchen aus dem Ofen nehmen und in der Form erkalten lassen.

Zwetschgenröster-Tarte
mit Rosmarinduft

**Für 12 Stücke
(Tarteform 28 cm Ø)**

Für den Teig

175 g Butter, 250 g Mehl
100 g gemahlene Walnüsse
100 g Zucker, 1 Ei
1 Prise Salz, ½ Tl Zimt
50 g gehackte Walnüsse

Für den Zwetschgenröster

1 kg Zwetschgen
150 g Zucker, 60 g Butter
150 ml Rotwein
1 Tl abgeriebene Schale von 1 unbehandelten Zitrone
1 Tl getrockneter Rosmarin
1 Zimtstange
1 El Zwetschgenwasser

Außerdem

gemahlene Walnüsse zum Bestreuen
Butter für die Form
Mehl für die Arbeitsfläche

Zubereitungszeit: ca. 40 Minuten (plus Kühl- und Backzeit)
Pro Stück ca. 470 kcal/1968 kJ

1 Für den Teig alle Zutaten bis auf den Zimt und die gehackten Walnüsse verkneten. ⅔ des Teiges zur Kugel rollen, in Folie wickeln und ca. 1 Stunde kalt stellen. Das restliche Drittel mit dem Zimt und den gehackten Nüssen verkneten. Ebenfalls zur Kugel rollen, in Folie wickeln und kalt stellen.

2 Für den Zwetschgenröster die Früchte waschen, trocknen, halbieren und entsteinen. Den Zucker in einem Topf goldbraun karamellisieren lassen. Die Butter dazugeben. Mit Rotwein ablöschen und so lange rühren, bis sich der Zucker aufgelöst hat. Zitronenabrieb, Rosmarin, Zimt und Zwetschgen hinzugeben. Bei sanfter Hitze ohne Deckel ca. 40 Minuten lang zu einer dicken Paste einkochen lassen. Dabei immer mal wieder umrühren. Vom Herd nehmen und vollständig abkühlen lassen. Das Zwetschgenwasser unterrühren.

3 Eine Tarteform mit Butter einfetten. Die größere Teigkugel auf einer bemehlten Arbeitsfläche ausrollen und die Form damit auslegen. Den Boden mehrere Male mit einer Gabel einstechen, dann alles abdecken und 1 weitere Stunde kühl stellen.

4 Den Backofen auf 180 °C vorheizen. Den Zwetschgenröster auf dem Teig verstreichen. Den restlichen Teig zu Streuseln krümeln und darüber verteilen. Auf der mittleren Schiene ca. 50 Minuten backen.

Erdbeerboden
mit Tortenguss

Für 12 Stücke (Obstbodenform 28 cm Ø)

Für den Teig

200 g Mehl
1 Ei
120 g Butter
60 g Zucker
1 Prise Salz

Für den Belag

1 kg Erdbeeren
3–5 El Zucker
1 P. roter Tortenguss

Außerdem

Fett und Semmelbrösel für die Form

Zubereitungszeit: ca. 25 Minuten (plus Kühl- und Backzeit)
Pro Stück ca. 210 kcal/879 kJ

1 Für den Mürbeteig das Mehl auf die Arbeitsplatte sieben und in die Mitte eine Vertiefung hineindrücken. Ei in die Mulde geben. Butter in Stücke schneiden und zusammen mit Zucker und Salz auf dem Mehlrand verteilen. Zutaten mit einem Messer grob zerkleinern. Dann rasch mit den Händen zu einem glatten Teig verkneten. In Folie wickeln und im Kühlschrank ca. 30 Minuten ruhen lassen.

2 Ofen auf 200 °C vorheizen. Eine Obstbodenform einfetten und mit Semmelbröseln ausstreuen. Den Teig in die Form geben, mehrfach mit einer Gabel einpiksen und auf der mittleren Schiene 10–15 Minuten backen. Abkühlen lassen.

3 In der Zwischenzeit für den Belag die Erdbeeren kurz waschen und trocken tupfen. Dann putzen und zuckern. Die Erdbeeren auf dem Boden verteilen.

4 Tortenguss nach Packungsanweisung zubereiten und gleichmäßig auf den Erdbeeren verteilen.

Tipp

Wenn Sie es noch fruchtiger mögen, ersetzen Sie bei der Zubereitung des Tortengusses einen Teil des Wassers durch Erdbeersirup.

Quittentarte
mit Champagner-Sabayon

Für 12 Stücke
(Tarteform 28 cm Ø)

Für den Teig
100 g Butter
200 g Mehl
1 Ei
60 g Zucker
1 Prise Salz

Für den Belag
80 g weiße Schokolade
1 kg Quitten
300 ml Weißwein
100 g Zucker
1 unbehandelte Zitrone (2 Tl abgeriebene Schale)
5 Blatt weiße Gelatine

Für die Sabayon
200 ml Champagner
60 g Zucker
4 Eigelb
1 Tl Zitronensaft

Außerdem
Hülsenfrüchte zum Blindbacken
Mehl für die Arbeitsfläche

1 Für den Teig alle Zutaten zügig miteinander verkneten. Zur Kugel rollen, in Folie wickeln und ca. 1 Stunde kühl stellen.

2 Den Backofen auf 200 °C vorheizen. Den Teig auf einer bemehlten Arbeitsfläche ausrollen und eine gebutterte Tarteform damit auslegen. Den Boden mehrere Male mit einer Gabel einstechen. Backpapier auf den Teig legen und alles mit Hülsenfrüchten beschweren.

3 Den Teig auf der mittleren Schiene ca. 15 Minuten backen. Herausnehmen, Hülsenfrüchte und das Backpapier entfernen und den Teig ca. 5 Minuten fertig backen. Herausnehmen und abkühlen lassen.

4 Für den Belag die weiße Schokolade hacken. Im heißen Wasserbad schmelzen und den Teigboden damit bepinseln.

5 Die Quitten waschen, trocknen, schälen und die Kerngehäuse entfernen. Das Fruchtfleisch würfeln. Mit dem Weißwein, dem Zucker und der Zitronenschale in einen Topf geben und ca. 40 Minuten weich dünsten. Dann in der Flüssigkeit pürieren.

6 Die Gelatine nach Packungsanweisung in kaltem Wasser einweichen. Ausdrücken und in dem noch heißen Quittenpüree auflösen. Das Püree abkühlen lassen, dann auf den Boden streichen. 12 Walnusshälften im Kreis auf die Tarte legen. Etwa

3 Esslöffel Quittengelee erhitzen, bis es flüssig ist, und die Tarte damit glasieren. Abdecken und für mindestens 3 Stunden im Kühlschrank erstarren lassen.

7 Für die Sabayon kurz vor dem Servieren alle Zutaten im heißen Wasserbad dick-schaumig aufschlagen. Zusammen mit der Quittentarte servieren.

Butter für die Form
Walnusshälften zum Verzieren
Quittengelee zum Bepinseln

Zubereitungszeit: ca. 50 Minuten (plus Kühl- und Backzeit)
Pro Stück ca. 320 kcal/1340 kJ

Heidelbeertarte
mit Ricottacreme

Für 12 Stücke
(Tarteform 26 cm Ø)

Für den Teig
1 Eigelb, 175 g Mehl
80 g Zucker, 1 Prise Salz
125 g weiche Butter

Für die Ricottacreme
200 g Ricotta
155 g Sahnejoghurt
25 g Zucker
1 P. Vanillezucker
½ unbehandelte Zitrone
1 gestr. Tl Speisestärke
2 Eier, 1 Prise Salz

Für den Belag
400 g Heidelbeeren
4 El Ahornsirup
1 El Puderzucker

Außerdem
Mehl für die Arbeitsfläche
Butter für die Form

Zubereitungszeit: ca. 45 Minuten
(plus Kühl-, Gefrier- und Backzeit)
Pro Stück ca. 250 kcal/1047 kJ

1 Für den Teig alle Zutaten glatt verkneten. Teig zu einer Kugel formen, in Folie wickeln und 30 Minuten kühl stellen.

2 Den Teig auf einer bemehlten Arbeitsfläche ausrollen. Eine Tarteform mit Butter einfetten und mit Teig auskleiden. Der Rand sollte 1,5–2 cm hoch sein. Für ca. 15 Minuten in die Gefriertruhe stellen.

3 Den Backofen auf 190 °C vorheizen. Den Teig für 10 Minuten vorbacken. Abkühlen lassen.

4 Für die Creme Ricotta und Joghurt cremig rühren. Die Zitrone heiß abwaschen, trocknen und die Schale fein abreiben. Zucker, Vanillezucker, abgeriebene Zitronenschale und Stärke mischen und unter die Creme rühren.

5 Die Eier trennen, Eigelb unter die Creme rühren. Eiweiß mit Salz steif schlagen und unterheben. Die Creme auf den Boden geben, glatt streichen und im Ofen etwa 45 Minuten backen. Herausnehmen und in der Form vollständig abkühlen lassen.

6 Die Heidelbeeren verlesen, waschen, trocken tupfen und den Kuchen dick damit belegen. Kurz vor dem Servieren mit Ahornsirup beträufeln und mit etwas Puderzucker bestäuben.

Birnenkuchen
mit Streuseln

Für 20 Stücke
(Backblech ca. 30x40 cm)

Für den Teig

600 g Mehl
300 g Butter
250 g Zucker
1 unbehandelte Zitrone (2 El abgeriebene Schale)
1 Prise Salz
2 Eier
2 Eigelb

Für den Belag

2 kg Birnen
200 g Preiselbeeren aus dem Glas
200 g Walnusshälften

Außerdem

Puderzucker zum Bestäuben
Mehl für die Arbeitsfläche

Zubereitungszeit: ca. 40 Minuten (plus Kühl- und Backzeit)
Pro Stück ca. 430 kcal/1800 kJ

1 Für den Teig das Mehl in eine Schüssel sieben und die Butter in Stücken hinzugeben. Alle anderen Teigzutaten ebenfalls hinzugeben und die Mischung mit den Händen zügig verkneten. In Folie wickeln und ca. 30 Minuten kühl stellen.

2 Den Backofen auf 180 °C vorheizen. Ein tiefes Backblech mit Backpapier belegen. 2/3 des Teiges auf einer bemehlten Arbeitsfläche ausrollen und das Blech damit auslegen. Dabei einen kleinen Rand formen. Den restlichen Teig wieder kühl stellen.

3 Die Birnen waschen, trocknen, schälen und halbieren. Die Kerngehäuse entfernen und die Birnenhälften längs ein- jedoch nicht durchschneiden. Die Preiselbeeren auf dem Teig verstreichen, dann die Birnen mit der gewölbten Seite nach oben darauflegen. Die Walnusshälften zwischen die Birnen streuen. Zum Schluss den restlichen Teig in dicken Streuseln auf dem Kuchen verteilen.

4 Den Kuchen auf der mittleren Schiene ca. 45 Minuten backen. Falls die Streusel zu dunkel werden sollten, alles mit Alufolie lose abdecken. Herausnehmen, abkühlen lassen und mit Puderzucker bestäubt servieren.

Kirschkuchen
mit Teiggitter

Für 12 Stücke
(Springform 26 cm Ø)

Für den Teig
250 g Mehl
50 g gemahlene Mandeln
150 g kalte Butter
100 g Zucker
1 Prise Salz
1 Ei

Für den Belag
400 g Sauerkirschen
100 g Zucker
1 Prise Zimt
1 Prise Nelkenpulver

Außerdem
1 Ei zum Bepinseln
weiche Butter für die Form
Mehl für die Arbeitsfläche

Zubereitungszeit: ca. 1 Stunde
(plus Kühl- und Backzeit)
Pro Stück ca. 290 kcal/1214 kJ

1 Das Mehl in eine Schüssel sieben und mit den Mandeln vermischen. Die Butter in kleinen Flöckchen darauf verteilen. Zucker, Salz und Ei dazugeben. Alles zügig verkneten. Zur Kugel rollen und in Frischhaltefolie wickeln. 30 Minuten kühl stellen.

2 Die Sauerkirschen waschen und trocken tupfen. Eventuell noch vorhandene Stiele entfernen und die Früchte entsteinen. Mit Zucker, Zimt und Nelkenpulver unter Rühren erhitzen, bis Saft aus den Früchten tritt. Weiterköcheln lassen bis die Masse eindickt wie Marmelade. Dann abkühlen lassen.

3 Den Backofen auf 180 °C vorheizen. Springform einfetten. 2/3 des Teiges auf einer bemehlten Arbeitsfläche etwas größer als die Springform ausrollen. Den Teig in die Form legen und einen Rand formen. Die Kirschmasse darauf verteilen.

4 Den restlichen Teig auf einer bemehlten Arbeitsfläche ausrollen und mit einem Teigrädchen Streifen von ca. 1,5 cm Breite ausschneiden. Diese gitterartig auf den Kuchen legen.

5 Das Ei verquirlen und das Gitter damit bestreichen. Den Kuchen auf der mittleren Schiene ca. 35 Minuten backen. In der Form erkalten lassen, erst dann vorsichtig herauslösen.

Birnentarte
mit Vanilleguss

Für 8 Stücke
(Springform 26 cm Ø)

Für den Teig
150 g Mehl
80 g kalte Butter
50 g Zucker
1 Prise Salz
1 Eigelb

Für den Belag
3 reife Birnen (à ca. 200 g)
2 El Zitronensaft
2 El Birnengeist
1 El Zucker
1 Prise gemahlener Piment

Für den Guss
125 ml Sahne, 2 Eigelb
2 P. Vanillezucker

Außerdem
Puderzucker zum Bestäuben
weiche Butter für die Form
Mehl für die Arbeitsfläche

Zubereitungszeit: ca. 50 Minuten
(plus Kühl- und Backzeit)
Pro Stück ca. 200 kcal/837 kJ

1 Für den Teig das Mehl in eine Schüssel sieben und die Butter in Flöckchen daraufsetzen. Zucker, Salz und Eigelb dazugeben. Alles mit den Händen zügig zu einem glatten Teig verkneten. Sollte die Mischung zu trocken sein, 1 Esslöffel kaltes Wasser dazukneten. Den Teig zur Kugel rollen und in Frischhaltefolie wickeln. Für mindestens 30 Minuten im Kühlschrank ruhen lassen.

2 Für den Belag die Birnen waschen, trocken reiben, schälen und vierteln. Die Kerngehäuse entfernen und das Fruchtfleisch in dünne Spalten schneiden. In einer Schüssel mit Zitronensaft, Birnengeist, Zucker und Piment vermengen.

3 Den Backofen auf 220 °C vorheizen. Eine Tarteform einfetten. Den Teig rund in Größe der Tarteform ausrollen. Dann in die Form legen, dabei einen kleinen Rand formen. Mehrmals mit einer Gabel einstechen. Die Birnen dachziegelartig auf dem Teig verteilen. Auf der unteren Schiene ca. 30 Minuten backen.

4 Für den Guss die Sahne mit Eigelb und Vanillezucker verquirlen. Nach ca. 10 Minuten Backzeit über die Birnen gießen. Wenn der Guss gestockt ist, die Tarte aus dem Ofen nehmen und kurz abkühlen lassen. Am besten lauwarm mit Puderzucker bestäubt servieren.

Bratapfelkuchen
mit Marzipanguss

Für 20 Stücke (Backblech ca. 30 x 40 cm)

Für den Mürbeteig

200 g Butter
350 g Mehl
1 Tl Backpulver
150 g Zucker
2 Eigelb

Für den Belag

2 kg kleine Äpfel
3 El Zitronensaft
150 g Preiselbeeren aus dem Glas
400 g Marzipanrohmasse
200 ml Sahne
2 Vanilleschoten
6 Eier
150 g Zucker
1 Prise Salz
400 g Schmand
1 P. Vanillepuddingpulver

Außerdem

Quittengelee zum Bepinseln
Mehl für die Arbeitsfläche
Butter für den Backrahmen und das Blech

1 Für den Teig alle Zutaten zügig miteinander verkneten. In Folie wickeln und für ca. 1 Stunde kühl stellen.

2 Den Backofen auf 200 °C vorheizen. Ein Backblech mit Backpapier belegen und einen eingebutterten Backrahmen darumstellen. Den Teig auf einer bemehlten Arbeitsfläche ausrollen und das Blech damit belegen. Dabei einen ca. 2 cm hohen Rand formen. Den Teig mit einer Gabel mehrmals einstechen, dann auf der mittleren Schiene ca. 10 Minuten vorbacken. Herausnehmen und abkühlen lassen. Den Ofen auf 180 °C herunterschalten.

3 Die Äpfel waschen, trocknen und schälen. Mit einem Apfelkernausstecher großzügig die Kerngehäuse entfernen. Die Äpfel sofort mit Zitronensaft beträufeln. Die Preiselbeeren auf die Apfel-Öffnungen verteilen, oben und unten jeweils mit etwas Marzipan verschließen. Ein zweites Backblech mit Butter einfetten und die Äpfel darauf verteilen. Ca. 15 Minuten im Backofen vorgaren. Dann herausnehmen und etwas abkühlen lassen.

4 Für den Guss das restliche Marzipan mit der Sahne glatt mixen. Die Vanilleschoten längs aufschneiden, das Mark herausschaben und zum Marzipan geben. Dann die Eier, Zucker, Salz und Schmand hinzugeben und alles glatt verquirlen. Zum Schluss das Puddingpulver darübersieben und unterquirlen.

5 Den Guss auf den Teig gießen, die Äpfel darauf verteilen und alles auf der mittleren Schiene ca. 45 Minuten backen. Falls die Äpfel zu dunkel werden, alles mit Alufolie lose abdecken. Nach Ende der Backzeit das Quittengelee leicht erwärmen, bis es flüssig wird, und den noch heißen Kuchen damit bepinseln.

Zubereitungszeit: ca. 1 Stunde (plus Kühl- und Backzeit)
Pro Stück ca. 408 kcal/1712 kJ

Dunkle Beerentarte
mit Marzipan

Für 12 Stücke (Tarteform 24 cm Ø)

Für den Teig
250 g Mehl
150 g Butter
1 Ei
1 Prise Salz
70 g Zucker

Für den Belag
500 g Beeren, z. B. schwarze Johannisbeeren, Brombeeren oder Himbeeren
250 g Zucker
1 P. Zitronensäure
¼ P. Gelfix 2:1
90 g Marzipanrohmasse
1 Eigelb
1 El Sahne

Außerdem
geschlagene Sahne nach Belieben
Mehl für die Arbeitsfläche

Zubereitungszeit: ca. 50 Minuten (plus Kühlzeit und Backzeit)
Pro Stück ca. 334 kcal/1398 kJ

1 Alle Zutaten für den Teig zügig miteinander verkneten. In Folie wickeln und ca. 1 Stunde kühl stellen.

2 Die Beeren waschen, abtropfen lassen und mit Zucker, Zitronensäure und Gelfix mischen. In einem Topf aufkochen, 3 Minuten unter Rühren kochen lassen, dann vom Herd nehmen und abkühlen lassen.

3 Eine Tarteform mit Backpapier auslegen, den Backofen auf 200 °C vorheizen. ⅔ des Teiges auf einer bemehlten Arbeitsfläche dünn ausrollen, die Form damit auskleiden. Den Boden mit einer Gabel mehrfach einstechen. Die Marzipanrohmasse in dünne Scheiben schneiden und auf dem Tarteboden verteilen, darauf die Beerenkonfitüre streichen.

4 Den restlichen Mürbeteig ebenfalls ausrollen und in Teigstreifen von ca. 1,5 cm Breite schneiden. Diese Teigstreifen gitterartig auf der Tarte verteilen, dabei die Ränder gut festdrücken. Eigelb mit Sahne verrühren und auf die Teigstreifen pinseln, dann alles in den Ofen schieben und ca. 45 Minuten auf der untersten Schiene backen. Nach Belieben mit steif geschlagener Sahne servieren.

Fruchtige Tarte
mit Mango und Kokoscreme

Für 12 Stücke
(Tarteform 28 cm Ø)

Für den Teig
150 g Butter, 250 g Mehl
50 g gemahlene Pistazien
1 Ei, 1 Eigelb
100 g Zucker
1 Prise Salz

Für den Belag
300 g Mangofruchtfleisch
2 P. Vanillezucker
1 Bund Minze
2 Blatt Gelatine
374 ml Kokosmilch
100 g Zucker
2 Eier, 1 Eigelb

Außerdem
Hülsenfrüchte zum Blindbacken
Butter für die Form
Mehl für die Arbeitsfläche

Zubereitungszeit: ca. 45 Minuten (plus Kühl- und Backzeit)
Pro Stück ca. 320 kcal/1340 kJ

1 Für den Teig alle Zutaten miteinander verkneten. Zur Kugel rollen, in Folie wickeln und ca. 1 Stunde kühl stellen. Den Backofen auf 200 °C vorheizen. Eine Tarteform mit Butter einfetten. Den Teig auf einer bemehlten Arbeitsfläche ausrollen, die Form damit auskleiden. Den Boden mit Backpapier belegen und mit Hülsenfrüchten beschweren. Ca. 15 Minuten blindbacken. Backpapier und Hülsenfrüchte entfernen und die Tarte ca. 5 weitere Minuten fertig backen. Herausnehmen und abkühlen lassen.

2 Die Mango würfeln. Mit 1 Päckchen Vanillezucker und ca. 50 ml Wasser aufkochen. Ca. 10 Minuten dünsten, dann vom Herd nehmen. Die Minze waschen, trocknen und die Hälfte zur Mango geben. Abgedeckt ca. 1 Stunde ziehen lassen. Dann herausnehmen.

3 Für die Creme die Gelatine nach Packungsanweisung einweichen. Die Kokosmilch mit Zucker aufkochen. Die Eier und das Eigelb mit dem restlichen Vanillezucker im heißen Wasserbad aufschlagen. Die Kokosmilch in dünnem Strahl dazuquirlen und so lange weiterschlagen, bis die Masse andickt. Herausnehmen, die ausgedrückte Gelatine darin auflösen und alles abkühlen lassen. Auf den Boden streichen und die Tarte ca. 6 Stunden kühl stellen. Das Mangokompott darüber verteilen. Von der restlichen Minze die Blätter hacken und über die Tarte streuen.

Buttermilchtarte
mit Stachelbeeren

Für 12 Stücke
(Springform 26 cm Ø)

Für den Mürbeteig
100 g kalte Butter
70 g Zucker, 1 Ei
1 Prise Salz, 200 g Mehl
2 El gemahlene Haselnüsse

Für den Belag
400 g Stachelbeeren
1 unbehandelte Zitrone
3 Eier, 200 g Zucker
2 P. Vanillezucker
1 Prise Salz, 50 g Mehl
250 ml Buttermilch
70 g Crème double

Außerdem
Puderzucker zum Bestäuben
Hülsenfrüchte zum Blindbacken
Butter für die Form
Mehl für die Arbeitsfläche

Zubereitungszeit: ca. 30 Minuten
(plus Kühl- und Backzeit)
Pro Stück ca. 300 kcal/1256 kJ

1 Für den Mürbeteig die kalte Butter in Stückchen schneiden. Mit allen anderen Zutaten für den Teig zügig verkneten. In Folie wickeln und für ca. 30 Minuten in den Kühlschrank legen.

2 Den Backofen auf 175 °C vorheizen. Eine Springform einfetten. Den Teig auf einer bemehlten Arbeitsplatte ausrollen. Den Springformboden damit auskleiden und einen kleinen Rand formen. Den Boden mit einer Gabel mehrfach einstechen. Mit Backpapier abdecken und mit Hülsenfrüchten beschweren. Auf der mittleren Schiene ca. 15 Minuten blindbacken, herausnehmen und abkühlen lassen. Die Backofentemperatur auf 150 °C reduzieren.

3 Für den Belag die Stachelbeeren waschen und trocken tupfen. Die Zitrone heiß waschen, trocknen und 1 Teelöffel Schale abreiben. Eier, Zucker und Vanillezucker schaumig rühren. Zitronenschale und Salz unterrühren. Das Mehl hineinsieben und gut verrühren, sodass keine Klümpchen entstehen. Die Buttermilch und die Crème double dazugeben.

4 Die Stachelbeeren auf der Tarte verteilen, den Guss darübergießen und alles auf der mittleren Schiene ca. 40 Minuten backen. Herausnehmen, abkühlen lassen und mit Puderzucker bestäubt servieren.

Nektarinenkuchen
mit Haube

Für 12 Stücke
(Springform 24 cm Ø)

Für den Teig
500 g Mehl
60 g Zucker
Salz
300 g Butter
125 g saure Sahne

Für die Füllung
1 kg Nektarinen
150 g Brombeeren
1 El Zitronensaft
1 P. Vanillezucker
2 El Speisestärke

Außerdem
2 Eigelb zum Bepinseln
Butter für die Form
Mehl für die Arbeitsfläche

Zubereitungszeit: ca. 30 Minuten (plus Zeit zum Ziehen, Kühl- und Backzeit)
Pro Stück ca. 501 kcal/2098 kJ

1 Für die Füllung die Nektarinen waschen, trocknen und das Fruchtfleisch in dicke Spalten schneiden. Die Brombeeren waschen und abtropfen lassen. Die Früchte mit Zitronensaft und Vanillezucker vermischen und 2 Stunden ziehen lassen.

2 Den entstandenen Saft bei großer Hitze ca. 4 Minuten sirupartig einkochen lassen. Die Speisestärke mit 1 Esslöffel Wasser glatt rühren, in den Sirup gießen und unter Rühren aufwallen lassen. Dann wieder über die Früchte gießen.

3 Für den Teig alle Zutaten glatt verkneten. In Folie wickeln und ca. 30 Minuten im Kühlschrank ruhen lassen.

4 Eine Springform mit Butter einfetten. ⅔ des Teiges auf einer bemehlten Arbeitsplatte ausrollen und die Form damit so auskleiden, dass etwas Teig überhängt. Die Früchte auf dem Teig verteilen.

5 Den Ofen auf 200 °C vorheizen. Den restlichen Teig ebenfalls ausrollen. Die überstehenden Teigränder mit verquirlten Eigelb bestreichen, den Teigdeckel auflegen und den Rand rundherum fest andrücken. Die Mitte des Kuchendeckels sternförmig einschneiden. Den Kuchen mit dem restlichen Eigelb bestreichen und ca. 50 Minuten backen. Nach der Hälfte der Zeit die Temperatur auf 180 °C reduzieren. Wird der Kuchen zu dunkel, mit Alufolie abdecken.

Ziegenkäsekuchen
mit Weintrauben

Für 20 Stücke
(Backblech ca. 30 x 40 cm)

325 g weiche Butter
250 g Zucker
100 g gehackte Walnüsse
1 Msp. Zimt
575 g Mehl
1 Prise Salz
5 Eier
1 kg Quark
500 g Ziegenfrischkäse
4 P. Vanillezucker
375 g blaue kernlose Weintrauben
375 g grüne kernlose Weintrauben

Außerdem
100 g Weingelee zum Bestreichen
Fett für das Blech

Zubereitungszeit: ca. 40 Minuten (plus Zeit zum Abkühlen und Backzeit)
Pro Stück ca. 485 kcal/2031 kJ

1 250 g Butter, den Zucker, Walnüsse, Zimt, 450 g Mehl und Salz zu Streuseln verkneten. Etwa 2/3 der Streuselmasse auf ein gefettetes Backblech streuen und mit den Händen zu einem Boden zusammendrücken. Das restliche Drittel beiseitelegen.

2 Restliche Butter mit 250 ml Wasser aufkochen. Das restliche Mehl auf einmal hineinschütten und rühren, bis der Teig zu einem Kloß geworden und auf dem Topfboden ein heller Belag zu sehen ist.

3 Den Topf vom Herd nehmen, etwas abkühlen lassen und 1 Ei unterrühren. Den Teig ganz abkühlen lassen. Den Backofen auf 180 °C vorheizen.

4 Restliche Eier trennen. Eigelb, Quark, Ziegenfrischkäse, restlichen Zucker und Vanillezucker cremig schlagen. Quarkcreme nach und nach unter den abgekühlten Teig rühren. Das Eiweiß steif schlagen und unterheben. Den Teig auf den Streuselboden streichen.

5 Die restlichen Streusel auf die Käsecreme streuen. Im Ofen 50–60 Minuten goldbraun backen.

6 Die Trauben waschen, abtropfen lassen und von den Stielen zupfen, große Früchte eventuell halbieren. Weingelee erwärmen und mit den Trauben verrühren. Die Trauben zwischen den Streuseln auf dem fertigen Kuchen verteilen.

Walnusskuchen
mit Apfel-Birnen-Mus

Für 12 Stücke (Springform 26 cm Ø)

Für den Teig
150 g Butter, 125 g Walnüsse
150 g Mehl
100 g Speisestärke
1 Msp. Backpulver
½ Tl Zimt, 100 g Zucker, 1 Ei

Für die Streusel
125 g Butter, 50 g Walnüsse
1 Vanilleschote
175 g Mehl, 2 Tl Backpulver
100 g Zucker, 1 Eigelb

Für das Apfel-Birnen-Mus
je 600 g Birnen und Äpfel
100 g Zucker, ½ Tl Zimt
200 ml Apfelsaft
1 El Zitronensaft

Außerdem
Mehl für die Arbeitsfläche
Butter für die Form

Zubereitungszeit: ca. 40 Minuten (plus Kühl- und Backzeit)
Pro Stück ca. 562 kcal/2353 kJ

1 Für den Teig die Butter in Stücke hacken und die Walnüsse mahlen. Beides mit den restlichen Teigzutaten glatt verkneten. In Folie wickeln und mindestens 1 Stunde kühl stellen.

2 Für die Streusel die Butter hacken. Die Walnüsse mahlen und zur Butter geben. Die Vanilleschote aufschneiden, das Mark herauskratzen und zur Butter geben. Mehl mit Backpulver mischen und dazusieben. Die restlichen Streuselzutaten ebenfalls hinzugeben und alles glatt verkneten. In Folie wickeln und für mindestens 1 Stunde kalt stellen.

3 Für das Mus die Früchte schälen und vierteln. Die Kerngehäuse entfernen und das Fruchtfleisch würfeln. Mit Zucker, Zimt, Apfelsaft und Zitronensaft in einen Topf geben und aufkochen. Die Hitze reduzieren und das Fruchtfleisch ca. 20 Minuten dünsten, dabei ab und zu umrühren. Den Topf vom Herd nehmen, das Mus abkühlen lassen und pürieren.

4 Den Backofen auf 175 °C vorheizen. Eine Springform mit Butter einfetten. Den Teig für den Boden auf einer bemehlten Arbeitsfläche ausrollen und die Form damit auskleiden. Dabei einen Rand formen. Das Apfel-Birnen-Mus daraufstreichen. Dann den Streuselteig darüberkrümeln. Den Kuchen auf der mittleren Schiene ca. 45 Minuten backen.

Sauerkirschkuchen
mit Walnussstreuseln

Für 20 Stücke (Backblech ca. 30 x 40 cm)

Für den Mürbeteig

200 g Butter
200 g brauner Zucker
½ Tl Salz
2 Eier
350 g Mehl
2 Tl Backpulver

Für Belag und Streusel

750 g Sauerkirschen (ersatzweise aus dem Glas)
200 g Amarettini
200 g gehackte Walnüsse
50 g Mehl
150 g Zucker
1 Tl Zimt
50 ml Sahne
2 Eigelb

Außerdem

Mehl für die Arbeitsfläche

Zubereitungszeit: ca. 30 Minuten (plus Kühl- und Backzeit)
Pro Stück ca. 370 kcal/1549 kJ

1 Für den Mürbeteig die Butter in Stücken, Zucker, Salz und Eier in eine Schüssel geben. Mehl mit Backpulver mischen und darübersieben. Alles rasch glatt verkneten. In Folie wickeln und ca. 30 Minuten kühl stellen.

2 Den Backofen auf 180 °C vorheizen. Ein Backblech mit Backpapier auslegen. Die Sauerkirschen waschen, trocken tupfen, die Stiele entfernen und die Früchte entsteinen. Sauerkirschen aus dem Glas in ein Sieb geben und abtropfen lassen. Die Amarettini mit der Küchenrolle zerkrümeln. Die Walnüsse mit dem Mehl und dem Zucker mischen. Zimt, Sahne und Eigelb hinzugeben und alles verkneten.

3 Den Teig auf einer bemehlten Arbeitsfläche ausrollen und das Blech damit auslegen. Mehrfach mit einer Gabel einstechen, dann auf der mittleren Schiene ca. 10 Minuten vorbacken. Herausnehmen und abkühlen lassen.

4 Die Amarettinibrösel auf dem Teig verteilen, die Kirschen daraufgeben. Den Walnussteig in Streuseln darüberstreuen. Den Kuchen auf der mittleren Schiene ca. 35 Minuten backen. Herausnehmen, abkühlen lassen und nach Belieben mit Schlagsahne servieren.

Apple Pie
mit Brombeersauce

Für 12 Stücke
(Springform 24 cm Ø)

320 g Mehl
170 g Kokosfett
120 g Butter
¼ Tl Salz
6 El Eiswasser
1 kg säuerliche Äpfel
1 Zitrone
150 g Zucker
1 Tl Zimt
¼ Tl geriebene Muskatnuss
300 g frische Brombeeren
80 g Puderzucker

Außerdem
Mehl für die Arbeitsfläche
Butter für die Form

Zubereitungszeit: ca. 40 Minuten
(plus Kühl- und Backzeit)
Pro Stück ca. 420 kcal/1758 kJ

1 300 g Mehl mit Kokosfett, 80 g Butter und dem Salz verkneten. Nach und nach das Eiswasser zugeben und so lange weiterkneten, bis ein geschmeidiger Teig entsteht. In Folie gewickelt 30 Minuten kühl stellen.

2 Die Äpfel schälen, vierteln, entkernen, in kleine Stücke schneiden und in eine Schüssel geben. Die Zitrone auspressen und 1 Teelöffel Saft über die Äpfel geben, den Rest für die Sauce aufheben. Die Äpfel mit Zucker, Zimt und Muskatnuss würzen und mit 1 Esslöffel Mehl verrühren.

3 Den Backofen auf 190 °C vorheizen. Eine Springform mit Butter einfetten. ⅔ des Teiges auf der bemehlten Arbeitsfläche ausrollen. Die Springform damit auslegen. Die Apfelmischung darauf verteilen und mit 20 g Butterflöckchen bestreuen. Den restlichen Teig ausrollen auf die Apfelmischung legen. An den Rändern den Teig andrücken und die restliche Butter in Flöckchen darauf verteilen. Den Apple Pie auf der mittleren Schiene ca. 40 Minuten backen.

4 Für die Sauce die Brombeeren verlesen und waschen. 12 Brombeeren zur Dekoration beiseitelegen. Den restlichen Zitronensaft sowie den Puderzucker dazugeben und das Ganze pürieren. Den Apple Pie nach Ende der Garzeit sofort servieren, die Brombeersauce dazu reichen und die einzelnen Stücke mit je 1 Brombeere garnieren.

Stachelbeerkuchen
mit Baiserhaube

Für 12 Stücke
(Springform 25 cm Ø)

Für den Teig
200 g Mehl
1 Tl Backpulver
100 g kalte Butter
100 g Zucker
3 Eigelb
1 Prise Salz

Für den Belag
400 ml Milch
1 P. Vanillepuddingpulver
2 El Zucker
600 g Stachelbeeren

Für die Baisermasse
3 Eiweiß
1 Prise Salz
100 g Zucker

Außerdem
Mehl für die Arbeitsfläche
weiche Butter für die Form

Zubereitungszeit: ca. 50 Minuten (plus Zeit zum Abkühlen und Backzeit)
Pro Stück ca. 270 kcal/1130 kJ

1 Das Mehl mit Backpulver mischen und in eine Schüssel sieben, die Butter in kleinen Flöckchen darauf verteilen. Zucker mit Eigelb und Salz dazugeben. Zügig zu einem glatten Teig verkneten. Zur Kugel rollen und in Frischhaltefolie wickeln. Für mindestens 30 Minuten im kühl stellen.

2 Für den Belag 5 Esslöffel der Milch abnehmen. Die restliche Milch unter Rühren aufkochen. Puddingpulver mit der kalten Milch und Zucker glatt rühren. In die kochende Milch rühren. Den Pudding 3 Minuten unter ständigem Rühren kochen, dann erkalten lassen. Dabei immer wieder umrühren.

3 Den Ofen auf 180 °C vorheizen. Eine Springform einfetten. Die Stachelbeeren waschen und trocken tupfen. Den Teig auf einer bemehlten Arbeitsfläche rund und ca. 4 cm größer als die Form ausrollen. Den Teig in die Form legen, dabei einen Rand formen. Den Pudding auf dem Teig verteilen und glatt streichen. Die Stachelbeeren auf dem Pudding verteilen.

4 Den Kuchen auf der mittleren Schiene ca. 30 Minuten backen. Für das Baiser das Eiweiß mit Salz und Zucker steif schlagen. Den Kuchen nach 20 Minuten aus dem Ofen nehmen, die Baisermasse auf den Stachelbeeren verteilen, dabei dekorative Spitzen hochziehen. Weitere 10 Minuten goldgelb backen. Aus dem Ofen nehmen und vorsichtig aus der Form lösen.

Rhabarberkuchen
mit Vanillesahne

Für 12 Stücke (Springform 24 cm Ø)

Für den Teig
200 g Mehl
150 g kalte Butter
100 g Zucker
1 Prise Salz
1 Ei

Für den Belag
1 kg Rhabarber
abgeriebene Schale von 1 unbehandelten Zitrone
100 g Zucker
50 g gemahlene Haselnüsse

Für den Guss
200 ml Sahne
2 Eier
2 P. Vanillezucker

Außerdem
Mehl für die Arbeitsfläche
weiche Butter für die Form

Zubereitungszeit: ca. 50 Minuten (plus Kühl- und Backzeit)
Pro Stück ca. 340 kcal/1424 kJ

1 Für den Teig alle Zutaten glatt verkneten. Zur Kugel rollen und in Frischhaltefolie wickeln. Ca. 30 Minuten kühl stellen.

2 Den Rhabarber waschen, trocknen und putzen. Die Stangen schälen und in kleine, 1 cm große Würfel schneiden. Die Zitronenschale mit dem Rhabarber und dem Zucker in einer Schüssel vermengen.

3 Den Ofen auf 220 °C vorheizen. Eine Springform einfetten. Den Teig auf einer bemehlten Arbeitsfläche etwas größer als die Form ausrollen. Die Form auslegen und einen Rand formen. Den Teig mit den Haselnüssen bestreuen, dann die Rhabarbermischung darauf verteilen. Auf der unteren Schiene 20 Minuten backen.

4 Die Sahne mit den Eiern und dem Vanillezucker verquirlen und nach ca. 20 Minuten Backzeit auf den Kuchen gießen. Die Temperatur auf 180 °C herunterschalten. Auf der mittleren Schiene weitere 15 Minuten backen, bis der Guss gestockt ist. Um das zu überprüfen, mit einem Küchenhandschuh sachte an der Form rütteln. Wenn das Innere noch Wellen schlägt, braucht der Kuchen noch etwas. In diesem Fall darauf achten, dass der Kuchen nicht zu dunkel wird. Den Kuchen nach dem Backen ca. 10 Minuten ruhen lassen. Dann den Springformrand lösen und den Kuchen auskühlen lassen.

Süßkirschentarte
mit Maronen-Marzipan-Creme

Für 12 Stücke
(Tarteform 28 cm Ø)

Für den Teig
150 g Butter
225 g Mehl
60 g Zucker
1 Ei, 1 Prise Salz

Für den Belag
650 g Süßkirschen
100 g Marzipanrohmasse
150 g gekochte Maronen
100 ml Milch
200 ml Sahne
100 g Crème fraîche
3 Eier
70 g Zucker

Außerdem
Hülsenfrüchte zum Blindbacken
Puderzucker zum Bestäuben
Butter für die Form
Mehl für die Arbeitsfläche

Zubereitungszeit: ca. 40 Minuten
(plus Kühl- und Backzeit)
Pro Stück ca. 440 kcal/1842 kJ

1 Für den Teig alle Zutaten miteinander verkneten. Zur Kugel rollen, in Folie wickeln und für ca. 1 Stunde kühl stellen. Dann den Backofen auf 180 °C vorheizen.

2 Eine Tarteform mit Butter einfetten und den Teig auf einer bemehlten Arbeitsfläche ausrollen. Die Form damit auskleiden. Den Boden mehrere Male mit einer Gabel einstechen. Dann mit Backpapier belegen und mit Hülsenfrüchten beschweren. Auf der unteren Schiene ca. 15 Minuten vorbacken. Herausnehmen, Backpapier und Hülsenfrüchte entfernen und den Boden abkühlen lassen. Den Backofen auf 160 °C herunterschalten.

3 Für den Belag die Kirschen waschen, trocken tupfen, die Stiele abzupfen und die Früchte entsteinen. Marzipan und gekochte Maronen hacken. Dann beides mit Milch und Sahne pürieren. Crème fraîche dazuquirlen, dann die Eier und den Zucker.

4 Die Kirschen auf der Tarte verteilen, den Guss darübergießen. Auf der mittleren Schiene ca. 40 Minuten backen. Herausnehmen, abkühlen lassen und mit Puderzucker bestäubt servieren.

Orangenkuchen
mit Pinienkernen

Für 16 Stücke
(Springform 26 cm Ø)

Für den Teig
220 g Mehl
1 Prise Salz
50 g Zucker
110 g kalte Butter
1 Eigelb

Für den Belag
4 unbehandelte Orangen
4 kandierte Orangenscheiben
4 Eier
100 g Zucker
2 El Orangenlikör
150 ml Sahne
2–3 El Pinienkerne
Puderzucker zum Bestreuen

Zubereitungszeit: ca. 45 Minuten
(plus Kühl- und Backzeit)
Pro Stück ca. 287 kcal/1202 kJ

1 Für den Teig alle Zutaten zu einem glatten Teig verkneten, diesen dann rund ausrollen. Teig in die Springform legen und 1 Stunde kühl stellen.

2 2 Orangen heiß abwaschen und abtrocknen. Die Schale fein abreiben. 1 Orange davon auspressen. Kandierte Orangen in Würfel schneiden.

3 Backofen auf 180 °C vorheizen. Den Teigboden mehrere Male mit einer Gabel einpiksen und auf der mittleren Schiene 10 Minuten vorbacken. Dann herausnehmen und abkühlen lassen.

4 Die Eier mit Zucker, ausgepresstem Orangensaft und Orangenlikör schaumig quirlen. Sahne steif schlagen und mit der abgeriebenen Orangenschale und den kandierten Orangen unterheben. Eiermasse auf den Teig gießen. Backofen auf 160 °C herunterschalten und den Kuchen 45 Minuten backen, bis die Masse fest ist. Abkühlen lassen.

5 Die restlichen Orangen filetieren und auf den Kuchen legen. Pinienkerne darüberstreuen und Puderzucker darübersieben. Den Kuchen für 1–2 Minuten unter dem Backofengrill grillen, bis der Zucker karamellisiert.

Saftige Tarte
mit Kirschen und Heidelbeeren

Für 16 Stücke
(Springform 28 cm Ø)

Für den Mürbeteig
1 Vanilleschote
60 g Butter
40 g Puderzucker
1 Eigelb
130 g Mehl
1 Prise Salz

Für die Füllung
500 g Kirschen (aus dem Glas oder frisch)
200 g Heidelbeeren
4 El gemahlene Haselnüsse
220 g Zucker
4 Eier
200 g Crème fraîche
200 ml Milch

Außerdem
Mehl für die Arbeitsfläche
Butter für die Form

Zubereitungszeit: ca. 30 Minuten (plus Kühl- und Backzeit)
Pro Stück ca. 218 kcal/913 kJ

1 Für den Teig die Vanilleschote aufschneiden, das Mark herauskratzen und mit der Butter, dem Puderzucker, dem Eigelb, Mehl und Salz zu einem Teig verkneten. In Folie gewickelt ca. 2 Stunden im Kühlschrank ruhen lassen.

2 Den Backofen auf 180 °C vorheizen. Die Kirschen in ein Sieb geben und abtropfen lassen. Frische Kirschen waschen, trocknen, putzen und entsteinen. Die Heidelbeeren verlesen, waschen und trocken tupfen. Mit den Kirschen mischen.

3 Eine Springform mit Butter einfetten, den Mürbeteig auf einer Arbeitsplatte mit etwas Mehl dünn ausrollen. Die Springform damit auskleiden, den Teig mit einer Gabel mehrfach einstechen und dann im Ofen ca. 10 Minuten vorbacken, bis der Teig trocken aussieht.

4 In einer Pfanne ohne Fett die Haselnüsse rösten, bis sie duften, dann mit den Früchten mischen und alles auf dem Teigboden verteilen. Zucker, Eier, Crème fraîche und Milch miteinander verquirlen.

5 Die Hälfte der Sauce über die Früchte gießen, im Ofen ca. 15 Minuten bei 160 °C stocken lassen. Dann die restliche Sauce daraufgießen und alles 30 Minuten weiterbacken. Der Kuchen kann lauwarm oder kalt serviert werden.

Holunder-Käsekuchen

extra cremig

Für 12 Stücke (Tarteform 28 cm Ø)

Für den Teig
80 g Zucker
1 Prise Salz
160 g kalte Butter
1 Ei
240 g Mehl

Für die Füllung
200 g Holunderbeeren
1 El Holunderlikör
3 Eier
250 g Sahnequark
100 g Doppelrahmfrischkäse
60 g Zucker
½ Zitrone (Saft)
½ P. Vanillepuddingpulver
1 Prise Salz

Außerdem
Hülsenfrüchte zum Blindbacken
Butter und Mehl für die Form

Zubereitungszeit: ca. 45 Minuten (plus Kühl- und Backzeit)
Pro Stück ca. 309 kcal/1294 kJ

1 Für den Teig alle Zutaten mit möglichst kalten Händen zu einem geschmeidigen Teig verkneten. In Frischhaltefolie 1 Stunde im Kühlschrank ruhen lassen.

2 Eine Tarteform einfetten und mit Mehl ausstäuben, den Backofen auf 200 °C vorheizen. Den Teig auf der bemehlten Arbeitsfläche ausrollen und die Tarteform damit auskleiden. Den Teig mit einer Gabel mehrmals einstechen, mit Backpapier belegen, die Hülsenfrüchte daraufgeben und den Mürbeteig im Ofen ca. 15 Minuten blindbacken. Den Kuchen aus dem Ofen nehmen, Backpapier und Hülsenfrüchte herunternehmen und den Backofen auf 180 °C herunterschalten.

3 Die Holunderbeeren waschen, trocken tupfen und putzen. In einer Schale mit dem Holunderlikör mischen und etwas ziehen lassen. Die Eier trennen. Eigelb mit Quark, Frischkäse, Zucker, Zitronensaft und Puddingpulver verrühren.

4 Das Eiweiß mit dem Salz zu steifem Schnee schlagen und mit den Holunderbeeren (mit Flüssigkeit) vorsichtig unter die Quarkmasse heben.

5 Die Masse auf den vorgebackenen Mürbeteig streichen und ca. 30 Minuten backen, bis die Masse gestockt ist. In der Form erkalten lassen.

Aprikosenkuchen
mit Rosmarinstreuseln

Für 12 Stücke (Springform 26 cm Ø)

Für Teig und Streusel

300 g Mehl
175 g kalte Butter
100 g Zucker
1 Prise Salz
50 g gemahlene Mandeln
1 Ei, 1 Tl fein gehackte Rosmarinnadeln
50 g gehackte Mandeln
1 El Honig

Für den Belag

100 ml Sahne
100 g Marzipanrohmasse
2 Eigelb
250 g Crème fraîche
500 g Aprikosen
1 El Zucker

Außerdem

Mehl für die Arbeitsfläche
Butter für die Form

Zubereitungszeit: ca. 40 Minuten (plus Kühl- und Backzeit)
Pro Stück ca. 401 kcal/1679 kJ

1 Für den Teig alle Zutaten bis auf Rosmarin, gehackte Mandeln und Honig in eine Schüssel geben und zügig miteinander verkneten. Eine Springform mit Butter einfetten. ²/₃ des Teiges in die Springform drücken, dabei einen kleinen Rand formen. Die Form mit Frischhaltefolie bedecken und bis zur weiteren Verwendung kühl stellen. Unter den restlichen Teig Rosmarin, gehackte Mandeln und Honig kneten. In Folie wickeln und ca. 30 Minuten kalt stellen.

2 Den Backofen auf 180 °C vorheizen. Für den Belag die Sahne erhitzen und das Marzipan hineinraspeln. Unter Rühren in der heißen Sahne schmelzen. Dann etwas abkühlen lassen. Eigelb und Crème fraîche unterrühren.

3 Die Aprikosen blanchieren, abschrecken, häuten und halbieren. Die Steine herauslösen und das Fruchtfleisch in Spalten schneiden.

4 Den Marzipanguss auf den Teigboden gießen. Darauf die Aprikosenstücke verteilen und diese mit 1 Esslöffel Zucker bestreuen. Den Streuselteig darüberkrümeln. Auf der zweiten Schiene von unten ca. 40 Minuten backen. Falls die Streusel zu dunkel werden, den Kuchen lose mit Alufolie abdecken.

Himbeertarte
mit Schokocreme

Für 20 Stücke
(Backblech ca. 30 x 40 cm)

Für den Mürbeteig
200 g Butter
300 g Mehl
75 g Zucker
1 Prise Salz
2 Eigelb

Für den Belag
600 g Zartbitterschokolade
400 ml Sahne
60 g Butter
60 g gemahlene Mandeln
500 g Himbeeren
60 g gehackte Mandeln

Außerdem
Mehl für die Arbeitsfläche
Hülsenfrüchte zum Blindbacken

Zubereitungszeit: ca. 30 Minuten (plus Kühl- und Backzeit)
Pro Stück ca. 420 kcal/1758 kJ

1 Die Butter hacken und mit Mehl, Zucker, Salz und Eigelb zügig zu einem glatten Teig verkneten. In Folie wickeln und ca. 1 Stunde kalt stellen.

2 Den Backofen auf 200 °C vorheizen. Ein tiefes Backblech mit Backpapier belegen. Den Teig auf einer bemehlten Arbeitsfläche ausrollen und das Blech damit auskleiden. Dabei einen kleinen Rand formen. Den Boden mehrfach mit einer Gabel einstechen, dann mit Backpapier belegen und mit Hülsenfrüchten beschweren. Auf der mittleren Schiene ca. 15 Minuten backen. Herausnehmen, Backpapier und Hülsenfrüchte entfernen und den Boden weitere 10 Minuten backen. Herausnehmen und vollständig abkühlen lassen.

3 Für den Belag die Schokolade hacken. Die Sahne erhitzen, dann vom Herd nehmen. Die Schokolade hineingeben, kurz stehen lassen und dann glatt rühren. Die Butter hinzufügen und darin zerlassen.

4 Die gemahlenen Mandeln auf dem Boden verteilen, die Schokomasse daraufstreichen. Abkühlen lassen und dann abgedeckt ca. 3 Stunden kühl stellen. Währenddessen die Himbeeren waschen und vollständig abtropfen lassen. Die gehackten Mandeln in einer Pfanne ohne Fett goldgelb rösten. Kurz vor dem Servieren die Himbeeren auf dem Kuchen verteilen und die gehackten Mandeln darüberstreuen.

Zwetschgenkuchen
mit Portwein

Für 16 Stücke (Springform 28 cm Ø)

Für den Teig
200 g Mehl
1 Prise Salz
1 gestrichener Tl Backpulver
60 g Zucker
1 P. Vanillezucker
1 Ei
120 g Butter

Für den Belag
750 g feste Zwetschgen
1 Vanilleschote
125 ml Portwein
100 g Zucker
2 Eier
1 Prise Salz
½ Tl Zimt
100 g gemahlene Haselnüsse

Außerdem
Puderzucker zum Bestäuben
Mehl für die Arbeitsfläche
Butter für die Form

Zubereitungszeit: ca. 30 Minuten (plus Kühl- und Backzeit)
Pro Stück ca. 231 kcal/967 kJ

1 Alle Zutaten für den Teig zügig zu einem glatten Teig verkneten, in Folie wickeln und ca. 2 Stunden kühl stellen.

2 Den Backofen auf 200 °C vorheizen, eine Springform mit Butter einfetten, den Teig auf einer bemehlten Arbeitsfläche ausrollen. Die Springform damit auskleiden, den Boden mehrfach mit einer Gabel einstechen und alles im Ofen 15 Minuten vorbacken. Herausnehmen und abkühlen lassen.

3 Zwetschgen waschen, trocknen, die Stiele entfernen und die Früchte entkernen. Fruchtfleisch vierteln. Die Vanilleschote aufschneiden, das Mark herauskratzen und Schote mit Mark in einen Topf geben. Den Portwein und 250 ml Wasser dazugießen, dann die Zwetschgen und 50 g Zucker hineingeben, alles aufkochen. 4 Minuten offen köcheln, dann abkühlen lassen. Die Pflaumen in ein Sieb geben und abtropfen lassen, die Vanilleschote entfernen.

4 Die Eier trennen. Eiweiß mit Salz steif schlagen und kalt stellen. Eigelb mit restlichem Zucker und Zimt cremig schlagen, die Haselnüsse dazugeben, dann in 2 Portionen den Eischnee unterheben. Die Zwetschgen auf dem Teigboden verteilen und die Eiercreme darauf verteilen. Im Backofen ca. 25 Minuten backen. Abkühlen lassen und mit Puderzucker bestäubt servieren.

Ricotta-Feigen-Kuchen
mit Pinienkernen

Für 12 Stücke
(Springform 26 cm Ø)

Für den Teig
250 g Mehl
125 g kalte Butter
100 g Zucker
1 Prise Salz
1 Eigelb

Für den Belag
½ Vanilleschote
5 Feigen
2 Eier
100 g Puderzucker
500 g Ricotta
3 El Grieß
1 Prise Salz
½ Tasse Pinienkerne
1 El Honig

Außerdem
Mehl für die Arbeitsfläche
Butter für die Form

Zubereitungszeit: ca. 30 Minuten
(plus Kühl-, Backzeit und
Zeit zum Abkühlen)
Pro Stück ca. 350 kcal/1465 kJ

1 Für den Teig das Mehl in eine Schüssel sieben, die Butter in kleinen Flöckchen darauf verteilen und Zucker, Salz und Eigelb hinzugeben. Alles zügig zu einem glatten Teig verkneten. Falls der Teig zu staubig sein sollte, noch 1 Esslöffel kaltes Wasser unterkneten. Den Teig zur Kugel rollen und in Folie gewickelt ca. 1 Stunde kühl stellen.

2 Den Backofen auf 180 °C vorheizen. Eine Springform einfetten. Für den Belag die Vanilleschote mit einem scharfen Messer aufschneiden und das Mark herauskratzen. Die Feigen waschen, trocknen, die Stiele und die Blütenansätze entfernen und die Früchte achteln. Den Teig auf einer bemehlten Arbeitsfläche rund und ca. 4 cm größer als die Springform ausrollen. In die Form legen, dabei einen Rand formen und den Boden mehrfach mit einer Gabel einstechen. Den Teig bis zur weiteren Verwendung in den Kühlschrank stellen.

3 Die Eier trennen. Das Eigelb zusammen mit der Hälfte des Puderzuckers und dem Vanillemark mit den Rührbesen des Handrührgeräts schaumig quirlen. Den Ricotta zugeben und zusammen mit dem Grieß auf der kleinsten Stufe unter die Eigelbmasse rühren. Eiweiß mit Salz und dem restlichen Puderzucker steif schlagen. ⅓ des Eischnees unter die Ricottamasse heben, dann den restlichen Eischnee zugeben und unterrühren.

4 Die Ricottamasse auf den Teigboden geben und glatt streichen. Die Feigenachtel kreisförmig auf der Ricottamasse verteilen. Den Kuchen auf der mittleren Schiene ca. 30 Minuten backen, danach in der Form auskühlen lassen. Die Pinienkerne in einer Pfanne ohne Fett leicht bräunen, dann den Honig dazugeben. Ca. 3 Minuten karamellisieren lassen. Die Mischung auf dem Kuchen verteilen.

Variationen

Statt des Ricottas kann auch die gleiche Menge an Quark genommen werden, hier dann am besten 250 g Magerquark und 250 g mit 20% Fettanteil verwenden. Wenn gerade keine Feigenzeit ist, können auch andere Früchte verwendet werden, allerdings sollten diese nicht zu viel Flüssigkeit enthalten.

Pfirsichkuchen
mit Baiserhaube

Für 16 Stücke
(Springform 26 cm Ø)

Für den Mürbeteig
1 Vanilleschote
250 g Mehl
2 Eigelb
1 Prise Salz
125 g Butter
100 g Puderzucker
abgeriebene Schale von ½ unbehandelten Zitrone

Für die Füllung
1,2 kg reife Pfirsiche
1 Vanilleschote
100 g Zucker
40 g Butter
20 g Speisestärke
5 Eiweiß, 1 Prise Salz
125 g Puderzucker

Außerdem
Mehl für die Arbeitsfläche
Butter für die Form

Zubereitungszeit: ca. 30 Minuten (plus Kühl- und Backzeit)
Pro Stück ca. 259 kcal/1084 kJ

1 Für den Teig die Vanilleschote aufschneiden, das Mark herauskratzen und mit Mehl, Eigelb, Salz, der Butter, dem Puderzucker, der Zitronenschale und 1 Esslöffel Wasser zu einem glatten Teig verkneten. In Folie gewickelt ca. 2 Stunden im Kühlschrank ruhen lassen.

2 Den Backofen auf 180 °C vorheizen. Die Pfirsiche waschen, trocknen, die Steine entfernen und das Fruchtfleisch in Spalten schneiden. Die Vanilleschote aufschneiden und das Mark herauskratzen. Zucker und Butter in einer Pfanne zerlassen, dann die Pfirsichspalten zusammen mit der Vanilleschote, dem Vanillemark und der Speisestärke hineingeben und weich dünsten.

3 Den Teig auf einer bemehlten Arbeitsplatte ausrollen, eine gefettete Springform damit auskleiden. Mit einer Gabel mehrmals einstechen und im Ofen ca. 15 Minuten goldbraun vorbacken. Herausnehmen und erkalten lassen. Den Ofen auf 160 °C herunterschalten.

4 Eiweiß mit Salz steif schlagen. Dabei nach und nach den Puderzucker einrieseln lassen. Den Teigboden mit den Früchten belegen, die Baisermasse darauf verteilen und mit einem Löffel dekorative Spitzen ziehen. Den Kuchen ca. 15 Minuten backen und warm oder kalt servieren.

Knusperboden

Apfelkuchen
mit Mascarponecreme

Für 16 Stücke (Springform 26 cm Ø)

Für den Keksboden

100 g Butterkekse
120 g Butter
50 g gemahlene Haselnüsse
3 El Puderzucker

Für die Creme

1 Vanilleschote
Saft und abgeriebene Schale von 1 unbehandelten Zitrone
6 Blatt Gelatine
500 g Mascarpone
150 g Zucker
4 El Apfelsaft
300 ml Sahne

Für den Fruchtbelag

750 g Äpfel (z. B. Cox orange)
350 ml Apfelsaft
4 El Zitronensaft
2 El Zucker, 1 Prise Zimt
6 Blatt Gelatine

Zubereitungszeit: ca. 40 Minuten (plus Kühlzeit)
Pro Stück ca. 378 kcal/1583 kJ

1 Die Butterkekse zerbröseln. Die Butter zerlassen. In einer Schüssel mit den anderen Zutaten für den Boden vermischen. Auf dem Boden einer Springform verteilen, festdrücken und kühl stellen.

2 Für die Creme die Vanilleschote aufschneiden und das Mark herauskratzen. Die Gelatine nach Packungsanweisung in kaltem Wasser einweichen. Mascarpone, Zucker, Vanillemark, Zitronenabrieb und -saft miteinander verquirlen. Den Apfelsaft erwärmen. Die Gelatine ausdrücken, im Apfelsaft auflösen. 2 Esslöffel Mascarponecreme zur Gelatine geben und verrühren. Diese Mischung zur Mascarponemasse geben und unterrühren. Kühl stellen. Die Sahne steif schlagen. Sobald die Creme zu gelieren beginnt, die Sahne unterheben. Auf dem Keksboden verteilen und für mindestens 2 Stunden kühl stellen.

3 Die Äpfel schälen, vierteln, entkernen und klein würfeln. Mit 4 Esslöffeln Apfelsaft, Zitronensaft, Zucker und dem Zimt in einen Topf geben und aufkochen. Dann vom Herd nehmen. Die Gelatine nach Packungsanweisung einweichen. Den restlichen Apfelsaft erwärmen. Die Gelatine ausdrücken und im heißen Apfelsaft auflösen. Kühl stellen.

4 Sobald der Apfelsaft beginnt zu gelieren, die Apfelwürfel unterrühren. Die Masse auf der Creme verteilen und ca. 4 Stunden kühl stellen.

Beerentraum
mit Joghurtcreme

Für 8 Stücke
(Tortenring 20 cm Ø)

Für den Boden
50 g gehobelte Haselnüsse
80 g Butterkekse
80 g Butter

Für den Belag
250 g Mascarpone
125 g griechischer Joghurt (10 %)
65 g Zucker
1 Vanilleschote (Mark)
2 El Zitronensaft
500 g gemischte Beeren (Himbeeren, Blaubeeren, Johannisbeeren, Brombeeren)
1 P. roter Tortenguss

Zubereitungszeit: ca. 40 Minuten (plus Kühlzeit)
Pro Stück ca. 350 kcal/1465 kJ

1 Für den Boden die Haselnüsse in einer Pfanne ohne Fett vorsichtig goldbraun rösten, dabei hin und wieder umrühren. Kekse und Haselnüsse in einen Gefrierbeutel geben und diesen verschließen. Mit einer Teigrolle die Mischung fein zerbröseln. Butter zerlassen und mit den Bröseln gut vermengen.

2 Eine kleine Tortenplatte mit Backpapier belegen und einen Tortenring daraufstellen. Die Masse mit einem Löffel gleichmäßig auf dem Boden verteilen und einen ca. 1 cm hohen Rand andrücken. Boden kalt stellen.

3 Für den Belag Mascarpone mit Joghurt, 50 g Zucker, Vanillemark und Zitronensaft verrühren. Auf dem Boden verstreichen.

4 Die Beeren verlesen, waschen, trocken tupfen und auf der Creme verteilen. Den Tortenguss mit restlichem Zucker nach Packungsanleitung zubereiten und über den Beeren verteilen. Die Torte 1 Stunde im Kühlschrank ziehen lassen. Dann den Backrahmen entfernen und die Torte in Stücke schneiden.

Blaubeerkuchen

mit Milchreis

Für 12 Stücke (Tortenring 26 cm Ø)

Für den Boden

250 g weiße Kuvertüre
100 g Cornflakes
100 g gehobelte Mandeln

Für den Belag

500 ml Milch
100 g Milchreis
75 g Zucker
3 Blatt Gelatine
200 ml Sahne
1 P. Sahnesteif
300 g frische Blaubeeren
1 P. klarer Tortenguss
125 ml Blaubeer- oder schwarzer Johannisbeersaft

Zubereitungszeit: ca. 1 Stunde (plus Kühl- und Gelierzeit)
Pro Stück ca. 308 kcal/1292 kJ

1 Für den Boden die Kuvertüre im Wasserbad schmelzen. Cornflakes und Mandeln hineinrühren. Einen Tortenring auf eine mit Backpapier oder mit Tortenspitze belegte Tortenplatte setzen und die Masse mit einem Löffel zu einem Boden andrücken. Kalt stellen.

2 Für den Belag Milch aufkochen, den Milchreis hinzufügen und unter gelegentlichem Rühren in ca. 30 Minuten ausquellen lassen. Zucker unterrühren und etwas abkühlen lassen. Gelatine einweichen, ausdrücken und unter den noch warmen Milchreis rühren. Sobald die Masse geliert, die Sahne mit Sahnesteif steif schlagen und diese vorsichtig unterheben.

3 Die Milchreismasse auf den Boden streichen. Die Torte mindestens 6 Stunden kalt stellen. Die Beeren verlesen, waschen, trocken tupfen und vorsichtig auf die Milchreisschicht legen. Den Tortenguss nach Packungsanweisung mit dem Saft zubereiten und auf den Blaubeeren verteilen. Die Torte nochmals 60 Minuten kalt stellen.

Tipp

Statt Blaubeeren den Milchreis mit Mandarinen belegen und statt Cornflakes für den Boden Bananenchips verwenden.

Cornflakes-Schnitten
mit Mirabellen

Für 16 Stücke
(Backform 24 x 24 cm)

Für den Boden

300 g weiße Kuvertüre
25 g Butter
125 g Cornflakes

Für den Belag

1 Glas Mirabellen (720 ml)
500 g Mascarpone
500 g Magerquark
75 g feiner Zucker
1 P. Vanillezucker
abgeriebene Schale und 2 El Saft von 1 unbehandelten Zitrone
Butter für die Form

Zubereitungszeit: ca. 40 Minuten (plus Kühlzeit)
Pro Stück ca. 310 kcal/1298 kJ

1 Eine Backform mit Backpapier auslegen. Die Kuvertüre fein hacken und mit der Butter in einem Topf schmelzen. Die Cornflakes zugeben und die Zutaten gut vermengen. ¼ der Masse abnehmen, 8 kleine Häufchen auf ein Stück Backpapier setzen und trocknen lassen. Die restliche Masse in die vorbereitete Backform geben. Zu einem Boden verstreichen und andrücken. Den Boden 1 Stunde in den Kühlschrank stellen.

2 Mirabellen in ein Sieb schütten und abtropfen lassen. Einige Mirabellen zum Garnieren beiseitelegen. Den Boden vorsichtig aus der Form nehmen und auf einen Servierteller legen. Einen Backrahmen darumstellen.

3 Mascarpone, Quark, Zucker, Vanillezucker, Zitronenschale und -saft in eine Rührschüssel geben und cremig rühren. ⅓ der Creme auf den vorbereiteten Boden geben und glatt verstreichen. Die abgetropften Mirabellen darauf verteilen. Die restliche Creme daraufgeben und verstreichen und den Kuchen mindestens 4 Stunden kalt stellen.

4 Den Backrahmen lösen, den Kuchen in Stücke schneiden und mit Mirabellen garnieren. Knusperhäufchen etwas zerkleinern und auf die Schnitten streuen.

Erdbeerkuchen
mit Pistazien

Für 12 Stücke
(Springform 26 cm Ø)

Für den Boden
150 g Butter
200 g Vollkorn-Butterkekse

Für die Creme
300 g Frischkäse
100 g Puderzucker
2 El Milch
75 g gemahlene Pistazien

Für Belag
600 g frische Erdbeeren
500 ml Sahne
½ P. Vanillezucker
1 P. Sahnesteif

Außerdem
12 Erdbeerhälften und gehackte Pistazien zum Garnieren

Zubereitungszeit: ca. 50 Minuten (plus Kühlzeit)
Pro Stück ca. 476 kcal/1995 kJ

1 Für den Boden die Butter in einem Topf zerlassen. Die Kekse in einen Gefrierbeutel geben, diesen fest verschließen und die Kekse mit einer Teigrolle zerbröseln. Butter und Brösel verrühren und auf dem Boden einer Springform mit einem Löffel zu einem Teigboden andrücken. 1 Stunde kalt stellen.

2 Für die Creme Frischkäse, Puderzucker und Milch verrühren. Die Creme auf den Teigboden geben und glatt verstreichen. Mit den gemahlenen Pistazien bestreuen. 1 Stunde kalt stellen.

3 Für den Belag Erdbeeren waschen, entstielen und halbieren. Sahne halb steif schlagen, Vanillezucker und Sahnesteif einrieseln lassen und die Sahne steif schlagen. Die Erdbeeren auf der Creme verteilen (mit der Schnittseite nach unten in die Creme legen). Die Sahne daraufgeben und gut verstreichen. Mit den Erdbeerhälften garnieren. Mindestens 5 Stunden kalt stellen und vor dem Servieren mit Pistazien bestreuen.

Tipp
Die Creme schmeckt auch mit gemahlenen Walnüssen oder Haselnüssen.

Käsekuchen
mit Erdbeeren und Rhabarber

Für 12 Stücke (Springform 26 cm Ø)

Für den Boden
250 g Löffelbiskuits
125 g Butter

Für die Füllung
100 g Rhabarber
1 El Puderzucker
500 g Quark
150 g Erdbeeren
3 Eier
1 El Mehl
1 Tl Backpulver
125 g weiche Butter
200 g Zucker

Außerdem
Butter für die Form

Zubereitungszeit: ca. 55 Minuten (plus Kühl- und Backzeit)
Pro Stück ca. 412 kcal/1725 kJ

1 Eine Springform mit Butter einfetten. Die Löffelbiskuits fein zerbröseln. Die Butter schmelzen, mit den Bröseln vermengen und die Masse gleichmäßig auf den Boden der Springform drücken. Im Kühlschrank ca. 30 Minuten kühl stellen.

2 Den Rhabarber waschen, trocknen, putzen und in 1 cm breite Stücke schneiden. In einer Schüssel mit dem Puderzucker vermengen, 10 Minuten ziehen lassen, dann in einem Sieb abtropfen lassen. Den Saft dabei auffangen. Den Quark in einem Sieb ebenfalls abtropfen lassen. Die Erdbeeren waschen, trocknen, putzen und vierteln.

3 Den Backofen auf 180 °C vorheizen. Quark, Eier und 2 Esslöffel Rhabarbersaft verrühren. Mehl und Backpulver mischen und unter die Quarkmasse rühren. Die Butter mit dem Zucker cremig schlagen, bis der Zucker sich aufgelöst hat, dann esslöffelweise die Quarkmasse hineinrühren.

4 Die Hälfte der Quarkmasse gleichmäßig auf dem Bröselboden verstreichen. Rhabarber und Erdbeeren darauf verteilen und den übrigen Quark daraufgeben. Glatt streichen und den Kuchen ca. 50 Minuten backen. Im ausgeschalteten Ofen auskühlen lassen.

Kühlschrankkuchen
mit Melone und Blaubeeren

Für 12 Stücke
(Tortenring 26 cm Ø)

Für den Bröselboden
120 g Butter
150 g Löffelbiskuits

Für den Belag
7 Blatt Gelatine
5 El Zitronensaft
100 g Zucker
2 P. Vanillezucker
500 g Mascarpone
300 g Naturjoghurt
450 g Honigmelone
150 g Blaubeeren
90 ml Limoncello

Außerdem
Melonenkugeln und gehackte Pistazien zum Garnieren
Butter für den Boden

Zubereitungszeit: ca. 40 Minuten (plus Kühlzeit)
Pro Stück ca. 404 kcal/1691 kJ

1 Für den Teig die Butter zerlassen, die Löffelbiskuits mit der Küchenrolle zerbröseln und beides miteinander vermengen. Einen Tortenring auf eine Tortenplatte stellen. Die Platte dünn mit Butter ausstreichen. Den Keksboden hineinfüllen, gleichmäßig verteilen und gut festdrücken.

2 Für die Füllung die Gelatine nach Packungsanweisung in kaltem Wasser einweichen. Zitronensaft mit dem Zucker, Vanillezucker, Mascarpone und Joghurt glatt rühren. Die Melone schälen, entkernen und mit einem kleinen Kugelausstecher aus dem Fruchtfleisch Kugeln formen. Die Blaubeeren waschen und trocken tupfen.

3 Die Gelatine ausdrücken und mit dem Limoncello erwärmen, bis sie sich aufgelöst hat. Unter die Mascarponecreme rühren, dann die Melonenkugeln und die Blaubeeren unterheben. Auf dem Tortenboden verteilen, glatt streichen und für mindestens 5 Stunden kühl stellen. Mit Melonenkugeln und gehackten Pistazien garniert servieren.

Apfeltarte
mal anders

Für 12 Stücke
(Tortenring 26 cm Ø)

10 Äpfel, z. B. Elstar, Jonagold oder Boskop
4 El Puderzucker
½ P. Vanillezucker
1 Tl Zimt
100 g Butter
20 Vollkorn-Butterkekse
100 g Zartbitterschokolade
100 g Vollmilchschokolade
1 El Pflanzenöl
Zimtzucker

Zubereitungszeit: ca. 1 Stunde (plus Kühlzeit)
Pro Stück ca. 299 kcal/1251 kJ

1 8 Äpfel schälen, vierteln, entkernen und auf einer Haushaltsreibe grob reiben. Mit Puderzucker, Vanillezucker und Zimt bestäuben und 15 Minuten ziehen lassen. Anschließend die Apfelmasse in eine Pfanne geben und so lange offen dünsten, bis die Flüssigkeit vollständig verdampft ist. Kalt stellen.

2 Inzwischen die Butter zerlassen. Butterkekse in einen Gefrierbeutel geben und mit der Teigrolle zerkleinern. Die Brösel zur Butter geben und gut vermengen. Einen Tortenring auf eine mit Backpapier oder mit Tortenspitze belegte Tortenplatte setzen und die Masse mit einem Löffel zu einem Boden andrücken. Kalt stellen.

3 Die Zartbitterschokolade und 50 g Vollmilchschokolade grob hacken und mit dem Öl im Wasserbad schmelzen. Die erkaltete Apfelmasse auf den Keksboden geben und glatt streichen. Die Schokomasse darübergießen. Für mindestens 3 Stunden kühl stellen.

4 Die restliche Vollmilchschokolade im Wasserbad schmelzen, in eine kleine Papiertüte geben und die Tarte streifenartig verzieren. Zum Aushärten weitere 15 Minuten kalt stellen. Den Tortenring lösen. Die restlichen Äpfel schälen, entkernen und in Spalten schneiden. Apfelscheiben in die Mitte der Torte legen und mit etwas Zimtzucker bestreuen.

Brombeerkuchen
mit Joghurtcreme

Für 8 Stücke
(Backrahmen 24 x 24 cm)

Für den Boden
150 g Zwieback
125 g Butter
1 El Zucker
1 P. Vanillezucker

Für Creme und Belag
6 Blatt weiße Gelatine
250 g Mascarpone
300 g Naturjoghurt
150 g Zucker
1 Msp. Zimt
500 g Brombeeren

Für den Guss
1 P. klarer Tortenguss
300 ml Apfelsaft
1 El Zucker

Zubereitungszeit: ca. 45 Minuten (plus Kühlzeit)
Pro Stück ca. 394 kcal/1658 kJ

1 Zwieback in einen Gefrierbeutel geben, mit einer Teigrolle fein zerdrücken und in eine Schüssel geben. Butter zerlassen, mit Zucker und Vanillezucker zu den Bröseln geben und die Zutaten gut vermengen.

2 Einen Backrahmen auf eine mit Backpapier ausgelegte Platte stellen. Die Zwiebackmasse hineingeben und zu einem Boden andrücken, den Boden 1 Stunde kalt stellen.

3 Für die Creme Gelatine einweichen. Mascarpone mit Joghurt, Zucker und Zimt verrühren. Gelatine ausdrücken, bei schwacher Hitze auflösen und mit etwas Creme verrühren. Das Ganze unter die restliche Creme rühren. Auf den Boden geben, glatt verstreichen und ca. 3 Stunden kalt stellen.

4 Brombeeren verlesen, vorsichtig waschen und trocken tupfen. Auf der Creme verteilen. Aus Tortenguss, Saft und Zucker einen Guss zubereiten, über die Brombeeren geben und kalt stellen, bis der Guss fest geworden ist. Den Backrahmen lösen und den Kuchen in Stücke schneiden.

Cantuccini-Kuchen

mit Pfirsichen

Für 12 Stücke
(Tortenring 26 cm Ø)

Für den Boden
200 g Cantuccini-Kekse
100 g Butter

Für die Creme
200 g Mascarpone
200 g Schmand
150 g Joghurt
75 g Zucker
1 El Mandellikör oder 2 Tropfen Bittermandelaroma
1 P. Gelatinepulver
200 ml Sahne

Für den Belag
6–7 Pfirsiche
gehobelte Mandeln
zerbröselte Cantuccini-Kekse

Zubereitungszeit: ca. 1 Stunde (plus Kühlzeit)
Pro Stück ca. 345 kcal/1444 kJ

1 Für den Boden Cantuccini in einen Gefrierbeutel geben, diesen fest verschließen und die Kekse mit einer Teigrolle zerbröseln. Butter zerlassen und mit den Keksbröseln vermengen. Einen Tortenring auf eine Tortenplatte stellen. Die Cantuccinimasse mit einem Löffel zu einem Boden andrücken. 1 Stunde kalt stellen.

2 Für die Creme Mascarpone, Schmand, Joghurt, Zucker und Likör oder Bittermandelaroma zu einer glatten Masse verrühren. Gelatine nach Packungsanleitung auflösen, 2–3 Esslöffel Creme darunterrühren und dann die Gelatine schnell unter die Mascarponecreme rühren. Kalt stellen. Sobald die Masse zu gelieren beginnt, die Sahne steif schlagen und unterheben.

3 Von den Pfirsichen die Haut abziehen, entkernen und das Fruchtfleisch in Würfel schneiden. Etwa die Menge eines Pfirsichs zum Garnieren zur Seite stellen.

4 ⅓ der Creme glatt auf den Keksboden streichen, die Pfirsichwürfel darauf verteilen und die restliche Creme darüberstreichen. Den Rand mit gehobelten Mandeln bestreuen. Im Kühlschrank 4 Stunden fest werden lassen, aus der Form lösen. Vor dem Servieren die Torte mit restlichen Pfirsichstücken und zerbröselten Cantuccini garnieren.

Mango-Versuchung
mit Zitronencreme und Kokos

Für 12 Stücke
(Tortenring 26 cm Ø)

Für den Boden
225 g Kokos-Zwieback
125 g Butter

Für den Belag
1 Beutel Götterspeise Zitrone
125 g Zucker
200 g Frischkäse
1 P. Vanillezucker
4 El Zitronensaft
2 El Kokoslikör
500 g Mangofruchtfleisch
300 ml Sahne

Außerdem
Mangospalten und geröstete Kokosraspel zum Garnieren

Zubereitungszeit: ca. 45 Minuten (plus Kühlzeit)
Pro Stück ca. 375 kcal/1571 kJ

1 Zwieback in einen Gefrierbeutel geben und diesen fest verschließen. Mit einer Teigrolle fein zerbröseln. Butter zerlassen und mit den Zwiebackbröseln vermengen. Einen Tortenring auf eine mit Tortenspitze belegte Tortenplatte setzen und die Masse mit einem Löffel zu einem Boden andrücken. Den Boden mindestens 1 Stunde kalt stellen.

2 In der Zwischenzeit für den Belag Götterspeisenpulver, 50 g Zucker und 250 ml kaltes Wasser in einem Topf verrühren und unter Rühren erhitzen (nicht kochen). In eine Schüssel füllen und erkalten lassen. Restlichen Zucker, Frischkäse, Vanillezucker, Zitronensaft und Likör in einer Schüssel verrühren. Mango in kleine Würfel schneiden und die Sahne steif schlagen. Wenn die Götterspeise zu gelieren beginnt, erst den Frischkäse, dann die Sahne unterrühren.

3 Ein gutes Drittel der Creme auf den Boden geben und glatt verstreichen, Mangowürfel darauf verteilen und mit der restlichen Creme bestreichen. Mit Mangospalten belegen und die Torte 3 Stunden kalt stellen. Aus der Form lösen und vor dem Servieren mit gerösteten Kokosraspeln bestreuen.

Erdbeerkuchen
mit Joghurt

Für 12 Stücke
(Tortenring 26 cm Ø)

Für den Boden
250 g Schoko-Cookies
100 g Butter

Für den Belag
6 Blatt weiße Gelatine
1 unbehandelte Orange
150 g Crème fraîche
300 g Frischkäse
300 g Joghurt
110 g Zucker
½ P. Vanillezucker
500 g Erdbeeren
250 ml Apfelsaft
1 P. roter Tortenguss

Zubereitungszeit: ca. 45 Minuten
(plus Kühlzeit)
Pro Stück ca. 386 kcal/1616 kJ

1 Für den Boden Cookies in einen Gefrierbeutel geben und diesen fest verschließen. Mit einer Teigrolle fein zerbröseln. Butter zerlassen und mit Keksbröseln vermengen. Einen Springformrand auf eine mit Backpapier oder mit Tortenspitze belegte Tortenplatte setzen und die Masse mit einem Löffel zu einem Boden andrücken. 1 Stunde kalt stellen.

2 Für den Belag Gelatine einweichen. Orange heiß abwaschen, trocknen und die Schale abreiben. Dann auspressen. Crème fraîche mit Frischkäse, Joghurt, 75 g Zucker, Vanillezucker, Orangenschale und 4 Esslöffeln Orangensaft verrühren. Gelatine in einem Topf bei niedriger Hitze auflösen und mit einem Teil der Frischkäse-Joghurt-Masse verrühren, dann unter die restliche Creme rühren. Diese auf dem Boden verstreichen und glatt streichen. 3 Stunden kalt stellen.

3 Den Springformrand lösen. Erdbeeren waschen, trocken tupfen, putzen, halbieren und auf der Creme verteilen. Aus Apfelsaft, Tortenguss und restlichem Zucker einen Guss zubereiten und auf den Erdbeeren verteilen. Im Kühlschrank mindestens 15 Minuten fest werden lassen.

Blätterteig, Biskuit, Strudelteig & Co.

Vanilleschnitten
mit Blätterteig

Für 20 Stücke
(Backblech ca. 30 x 40 cm)

1 Vanilleschote
35 g Speisestärke
75 g Zucker
250 ml Milch
250 ml Sahne
2 Eier
400 g Blätterteig aus dem Kühlregal
2 Dosen Aprikosen (à ca. 850 ml Füllmenge)
2 P. Tortenguss

Außerdem
Hülsenfrüchte zum Blindbacken
geröstete Mandelblättchen zum Bestreuen

Zubereitungszeit: ca. 40 Minuten (plus Kühl-, Back und Zeit zum Abkühlen)
Pro Stück ca. 190 kcal/795 kJ

1 Für die Vanillecreme die Vanilleschote längs aufschneiden und das Mark herausschaben. Die Speisestärke mit dem Zucker mischen und mit 75 ml Milch glatt rühren. Restliche Milch und Sahne in einen Topf geben und unter Rühren aufkochen. Vanillemark und die Speisestärkenmischung dazugeben. Alles unter ständigem Rühren einmal aufwallen lassen. Vom Herd nehmen und die Eier unterrühren. Mit Folie bedeckt abkühlen lassen.

2 Den Backofen auf 200 °C vorheizen. Ein Backblech mit Backpapier belegen. Den Blätterteig darauflegen. Mehrfach mit einer Gabel einstechen. Mit Backpapier belegen und mit Hülsenfrüchten beschweren. Auf der mittleren Schiene ca. 20 Minuten blindbacken. Herausnehmen, Hülsenfrüchte und Backpapier entfernen und Boden vollständig abkühlen lassen.

3 Die Aprikosen in ein Sieb geben und abtropfen lassen. Den Saft auffangen. 400 g Vanillecreme auf den Teig streichen, den Rest anderweitig verwenden. Die Aprikosen darauf verteilen. Den Tortenguss mit 500 ml aufgefangenem Aprikosensaft nach Packungsanweisung zubereiten. Über den Kuchen gießen und bis zum Servieren mindestens 2 Stunden kalt stellen. Mit Mandelblättchen bestreut servieren.

Birnenstrudel
mit Schokolade

Für 12 Stücke

Für den Teig

30 g Butter
250 g Mehl
1 Spritzer Weißweinessig
1 Prise Salz

Für die Füllung

100 g Zartbitterschokolade
1,5 kg Birnen (z. B. Williams Christ)
2 El Zitronensaft
50 g Zucker
100 g Semmelbrösel
80 g gemahlene Haselnüsse

Außerdem

ca. 150 g Butter zum Bestreichen
Puderzucker zum Bestäuben
Mehl für Arbeitsfläche und Küchentuch
Sonnenblumenöl zum Bepinseln

Zubereitungszeit: ca. 40 Minuten (plus Ruhezeit und Backzeit)
Pro Stück ca. 370 kcal/1549 kJ

1 Für den Teig die Butter zerlassen und etwas abkühlen lassen. Das Mehl in eine Schüssel sieben und in der Mitte eine Mulde formen. Die Butter in die Mulde gießen. Weißweinessig und Salz dazugeben. Alles mit den Knethaken vermengen, dabei so viel lauwarmes Wasser (ca. 150 ml) zugießen, bis ein geschmeidiger, elastischer Teig entsteht. Den Teig aus der Schüssel nehmen und auf der mit Mehl bestäubten Arbeitsfläche etwa 10 Minuten mit den Händen durchkneten, dabei mehrfach fest auf die Arbeitsfläche schlagen. Eine Porzellanschüssel mit heißem Wasser ausspülen. Den Teig in zwei Portionen teilen, jeweils zur Kugel rollen, mit etwas Öl bepinseln und für mindestens 45 Minuten unter der angewärmten Schüssel ruhen lassen.

2 Für die Füllung die Schokolade fein hacken. Die Birnen waschen, trocken reiben, schälen, vierteln, entkernen und in dünne Scheiben schneiden. Die Birnenscheiben in einer Schüssel mit dem Zitronensaft und dem Zucker mischen.

3 Den Backofen auf 200 °C vorheizen. Ein Backblech mit Backpapier auslegen. Die Teigkugeln auf der bemehlten Arbeitsfläche ausrollen. Dann jeweils auf ein angewärmtes, mit Mehl bestäubtes Küchentuch legen. Mit wenig Öl bepinseln und nochmals ca. 10 Minuten ruhen lassen. Die Butter zum Bestreichen zerlassen und etwas abkühlen lassen.

Den Teig mithilfe der Handrücken in gleichmäßigen Bewegungen auseinanderziehen, bis er dünn wie Zeitungspapier ist. Die dickeren Ränder abschneiden.

4 Die Teigplatten mit der flüssigen Butter bestreichen. Semmelbrösel und Haselnüsse mischen und auf den Teigplatten verteilen, dabei einen Rand von ca. 3 cm aussparen. Die gehackte Schokolade und die Birnen darauf verteilen. Die Ränder über die Füllung schlagen und die Strudel mithilfe des Küchentuchs von der Längsseite her aufrollen. Mit der Naht nach unten auf das Backblech legen. Mit flüssiger Butter bepinseln. Auf der mittleren Schiene ca. 30 Minuten backen, bis die Oberfläche appetitlich gebräunt ist. Nach Belieben heiß oder kalt servieren. Vor dem Servieren mit Puderzucker bestäuben.

Kirschenplotzer
aus Süddeutschland

Für 12 Stücke
(Springform 26 cm Ø)

500 ml Milch
6 Brötchen vom Vortag
750 g Süßkirschen
200 g Butter
150 g Zucker
1 P. Vanillezucker
1 Prise Salz
1 Tl Zimt
½ Tl Nelkenpulver
4 Eier
4 El Kirschwasser
100 g Mandelstifte

Außerdem
Puderzucker zum Bestäuben
Fett für die Form

Zubereitungszeit: ca. 20 Minuten
(plus Backzeit)
Pro Stück ca. 397 kcal/1664 kJ

1 Milch zum Kochen bringen. Brötchen in Scheiben schneiden, in eine Schüssel geben und mit der kochenden Milch übergießen. Brötchen abgedeckt einweichen lassen.

2 In der Zwischenzeit die Kirschen waschen und entkernen. Butter mit Zucker und Vanillezucker schaumig rühren. Salz, Zimt und Nelkenpulver dazugeben. Die Eier nach und nach unterrühren.

3 Die eingeweichten Brötchen durchmengen und mit Kirschwasser, Mandelstiften und den Kirschen zu der Butter-Ei-Masse geben. Alles gut unterheben.

4 Backofen auf 175 °C vorheizen. Eine Springform einfetten. Teigmasse in die Form geben und den Kuchen auf der mittleren Schiene 45–60 Minuten backen. Auskühlen lassen. Mit Puderzucker bestäubt servieren.

Info

Der Kirschenplotzer, auch Kirschenmichel genannt, ist eine süddeutsche Spezialität.

Aprikosentarte
mit weißer Schokoladensauce

Für 12 Stücke (Tarteform 28 cm Ø)

Für die Tarte
600 g Aprikosen
3 Platten TK-Blätterteig
100 g Zucker
100 ml Orangensaft
1 Tl abgeriebene Schale von 1 unbehandelten Orangen
1 Tl abgeriebene Schale von 1 unbehandelten Zitrone
2 El Butter

Für die Schokoladensauce
200 ml Sahne
125 g weiße Schokolade
1 Prise Salz

Außerdem
geröstete Mandelblättchen zum Bestreuen
Mehl für die Arbeitsfläche

Zubereitungszeit: ca. 30 Minuten (plus Backzeit)
Pro Stück ca. 250 kcal/1047 kJ

1 Die Aprikosen waschen. In kochendem Wasser kurz blanchieren, dann in ein Sieb schütten, abtropfen lassen und die Früchte häuten. Anschließend halbieren und die Steine entfernen.

2 Den Backofen auf 180 °C vorheizen. Den Blätterteig auftauen lassen. Den Zucker in einer herdtauglichen Tarteform oder einer ofenfesten passenden Pfanne goldgelb karamellisieren lassen. Dann mit Orangensaft ablöschen und die abgeriebenen Schalen von Orange und Zitrone sowie die Butter dazurühren. Alles sirupartig einkochen lassen.

3 Die Aprikosenhälften mit der gewölbten Seite nach unten in die Form oder Pfanne legen. Den Blätterteig auf einer bemehlten Arbeitsfläche leicht ausrollen und über die Aprikosen legen. Die Ränder gut festdrücken.

4 Im vorgeheizten Ofen ca. 30 Minuten backen. Dann eine Kuchenplatte auflegen und die Tarte vorsichtig stürzen.

5 Während der Backzeit die Schokoladensauce zubereiten. Hierfür die Sahne erhitzen und die Schokolade hacken. Mit Salz in die Sahne geben und schmelzen lassen. Leicht abkühlen lassen und mit dem Quirl schaumig aufschlagen. Zusammen mit der Tarte auf Tellern anrichten.

Marillenstrudel
aus Österreich

Für 12 Stücke

Für den Teig
300 g Mehl
1 El Rum
2 El Weißwein
50 ml Sonnenblumenöl
1 Prise Salz

Für die Füllung
1,6 kg Marillen
100 g Butter
100 g gemahlene Haselnüsse
100 g Semmelbrösel
50 g Zucker
50 g Vanillezucker

Außerdem
Puderzucker zum Bestäuben
ca. 150 g Butter zum Bestreichen
Mehl für Arbeitsfläche und Küchentuch
Öl zum Bepinseln

Zubereitungszeit: ca. 30 Minuten (plus Ruhezeit und Backzeit)
Pro Stück ca. 450 kcal/1884 kJ

1 Für den Teig das Mehl in eine Schüssel sieben. Mit Rum, Weißwein, Öl und Salz vermischen, dabei so viel lauwarmes Wasser (insgesamt ca. 100 ml) zugießen, bis ein geschmeidiger Teig entsteht. Den Teig auf einer bemehlten Arbeitsfläche kräftig durchkneten. Dabei den Teig immer wieder auf die Arbeitsfläche schlagen, bis er weich und elastisch ist. Eine Porzellanschüssel mit heißem Wasser ausspülen. Den Teig in zwei Portionen teilen, jeweils zur Kugel rollen und für mindestens 30 Minuten unter der Schüssel ruhen lassen.

2 Für die Füllung die Marillen waschen, trocken reiben, halbieren und die Steine entfernen. Die Butter zerlassen. Haselnüsse und die Semmelbrösel in der Butter andünsten, dabei ständig mit einem Kochlöffel rühren. Den Zucker dazugeben und schmelzen lassen. Die Pfanne vom Herd nehmen.

3 Den Backofen auf 200 °C vorheizen. Ein Backblech mit Backpapier auslegen. Die Teigkugeln auf der bemehlten Arbeitsfläche gleichmäßig ausrollen. Dann jeweils auf ein angewärmtes, mit Mehl bestäubtes Küchentuch legen. Mit wenig Öl bepinseln und nochmals ca. 10 Minuten ruhen lassen. Die Butter zum Bestreichen zerlassen und etwas abkühlen lassen. Den Teig mit dem Handrücken auseinanderziehen, bis er dünn wie Zeitungspapier ist. Die dickeren Ränder abschneiden.

4 Die Teigplatten dünn mit der flüssigen Butter bestreichen. Die Semmelbrösel-Haselnuss-Mischung auf den Teigplatten verteilen, dabei jeweils rundherum einen Rand von ca. 3 cm aussparen. Die Marillen darauf verteilen und den Vanillezucker darüberstreuen. Die Ränder über die Füllung schlagen, dann die Strudel mithilfe des Küchentuchs von der Längsseite her aufrollen.

5 Strudel im Küchentuch über das Backblech heben und mit der Naht nach unten daraufgleiten lassen. Nochmals mit flüssiger Butter bepinseln. Die Strudel auf der mittleren Schiene ca. 35 Minuten backen, bis die Oberfläche appetitlich gebräunt ist. Nach Belieben heiß oder kalt servieren. Vor dem Servieren mit Puderzucker bestäuben.

Birnen-Mohn-Strudel
mit Rumrosinen

Für 12 Stücke

Für den Teig
200 g Mehl
2 El Öl
½ Tl Salz

Für die Füllung
250 g Mohn
75 g Zucker
100 g Butter
abgeriebene Schale von ½ unbehandelten Zitrone
300 ml Milch
4 große Birnen
100 g Rosinen
1 Glas süßer Wein
100 ml Milch
125 ml Sahne

Außerdem
Öl zum Bepinseln
Puderzucker zum Bestäuben
Mehl für die Arbeitsfläche
Fett für die Form

Zubereitungszeit: ca. 1 Stunde (plus Ruhezeit und Backzeit)
Pro Stück ca. 389 kcal/1631 kJ

1 Mehl in eine Rührschüssel sieben und in die Mitte eine Mulde drücken. 125 ml lauwarmes Wasser, Öl und Salz vermischen und in die Mulde gießen. Alles mit den Knethaken verkneten. Den Teig herausnehmen und auf der mit Mehl bestäubten Arbeitsfläche etwa 10 Minuten mit den Handballen kräftig durchkneten, dabei mehrfach fest auf die Arbeitsplatte schlagen. Teig zu einer Kugel formen, mit etwas Öl bestreichen und zugedeckt in einer angewärmten Schüssel etwa 45 Minuten an einem warmen Ort ruhen lassen.

2 Inzwischen für die Füllung den Mohn mahlen, mit Zucker, 50 g Butter, Zitronenschale und Milch zum Kochen bringen und unter Rühren einige Minuten eindicken lassen. Birnen schälen, vierteln, entkernen und in dünne Scheiben schneiden. Rosinen in Wein einweichen.

3 Den Teig auf der bemehlten Arbeitsfläche gleichmäßig ausrollen. Dann auf ein angewärmtes, mit Mehl bestäubtes Geschirrtuch legen. Mit wenig Öl bepinseln und nochmals etwa 5 Minuten ruhen lassen. Mit den Händen zwischen Teig und Geschirrtuch greifen, sodass die Handrücken nach oben zeigen und die Finger gespreizt sind. Nun den Teig mithilfe der Handrücken in gleichmäßigen, ruhigen Bewegungen auseinanderziehen, bis er dünn wie Zeitungspapier ist. Die dickeren Ränder abschneiden.

4 Die restliche Butter zerlassen und mit der Hälfte davon die Teigplatte bestreichen. Dann die Mohnfüllung sowie Birnen und Rosinen auf der Teigplatte verteilen (die Ränder dabei aussparen). Den Strudel durch Anheben des Tuches aufrollen und die Seiten einschlagen.

5 Backofen auf 200 °C vorheizen. Den Strudel in eine gefettete Form legen, die Oberfläche mit der restlichen Butter bestreichen und den Strudel ca. 45 Minuten backen. Nach 15 Minuten Backzeit mit einer Mischung aus Milch und Sahne begießen. Vor dem Servieren mit Puderzucker bestäuben.

Apfel-Quark-Strudel

mit Mandeln und Rosinen

Für 14 Stücke

Für den Teig
250 g Mehl
1 Prise Salz, 1 Ei
1 El Rapsöl

Für die Füllung
600 g säuerliche Äpfel
500 g Magerquark
150 g Crème fraîche
2 Eier
100 g Zucker, ¼ Tl Zimt
1 El Speisestärke
1 El Zitronensaft und abgeriebene Schale von 1 unbehandelten Zitrone
50 g gehackte Mandeln
75 g Rosinen

Außerdem
Öl zum Bestreichen
Mehl für das Küchentuch
100 g Butter zum Bestreichen
Puderzucker zum Bestäuben

Zubereitungszeit: ca. 50 Minuten (plus Ruhezeit und Backzeit)
Pro Stück ca. 294 kcal/1231 kJ

1 Für den Teig alle Zutaten mit 100 ml lauwarmem Wasser verkneten. Zu einer Kugel formen, in eine Schüssel legen und die Oberfläche dünn mit Öl einpinseln. Mit Folie abdecken und ca. 1 Stunde bei Zimmertemperatur ruhen lassen.

2 Die Äpfel schälen, vierteln, putzen und in dünne Scheiben schneiden. Quark, Crème fraîche, Eier, Zucker, Zimt, Speisestärke mit Zitronenabrieb und -saft verrühren. Apfelscheiben, Mandeln und Rosinen unterheben.

3 Das Backblech mit Backpapier belegen. Den Backofen auf 190 °C vorheizen. Den Teig auf einem großen bemehlten Küchentuch von der Mitte her ausrollen, dann mit beiden Händen vorsichtig über die Handrücken ziehen. Die dickeren Teigränder abschneiden.

4 Die Füllung so auf den Teig streichen, dass die Ränder dabei frei bleiben. Die Butter in einem Topf zerlassen und die Teigränder damit bestreichen. Den Teig über die Füllung schlagen und mithilfe des Tuchs nach oben langsam zum Strudel aufrollen.

5 Den Strudel mithilfe des Tuchs vorsichtig auf das Backblech legen und zu einem U formen. Den Strudel mit der restlichen flüssigen Butter bestreichen und 45–50 Minuten goldbraun backen. Warm oder kalt mit Puderzucker bestäubt servieren.

Mango-Himbeer-Torte
mit Ricottafüllung

Für 12 Stücke
(Springform 26 cm Ø

Für den Teig
4 Eier
1 Prise Salz
100 g Zucker
1 P. Vanillezucker
50 g Löffelbiskuits
60 g Mehl
60 g Speisestärke
1 Tl Backpulver

Für die Füllung
450 g Mangofruchtfleisch
6 Blatt weiße Gelatine
1 kg Sahnequark
500 g Ricotta
100 g Zucker
1 P. Vanillezucker
200 ml Sahne
300 g Himbeeren

Für die Dekoration
75 g Mandelblättchen
25 g Zucker
150 g Himbeeren

1 Den Backofen auf 180 °C vorheizen, die Springform einfetten. Für den Teig die Eier trennen. Eiweiß mit 2 Esslöffeln kaltem Wasser und dem Salz steif schlagen. Zucker und Vanillezucker einrieseln lassen und so lange weiterschlagen, bis sich der Zucker aufgelöst hat. Eigelb unterrühren. Die Löffelbiskuits in einem Gefrierbeutel und mithilfe eines Nudelholzes fein zerbröseln und mit Mehl, Stärke und Backpulver mischen. Unter die Eiercreme heben. In die Form füllen und 20–30 Minuten backen. In der Form auf einem Kuchengitter abkühlen lassen.

2 Das Mangofruchtfleisch in kleine Würfel schneiden. Gelatine in kaltem Wasser einweichen. Quark, Ricotta, Zucker und Vanillezucker verrühren. Gelatine in einem Topf bei niedriger Hitze auflösen und 5 Esslöffel der Quarkcreme in die Gelatine rühren. Gelatinemischung zum restlichen Quark geben, gut verrühren und kalt stellen. Sobald der Quark anfängt, fest zu werden, steif geschlagene Sahne unterrühren. Mangostücke unter ¾ der Quarkcreme rühren.

3 Den Biskuit waagerecht durchschneiden. Einen Boden auf eine Tortenplatte legen und den Springformring darumlegen. Mangocreme auf den Biskuit streichen und den zweiten Boden darauflegen. Himbeeren verlesen, waschen und trocken tupfen. Himbeeren unter die restliche Quarkcreme rühren und die Torte damit bestreichen. Torte am besten über Nacht fest werden lassen.

4 Die Mandeln in einer Pfanne ohne Fett goldgelb rösten. Den Zucker dazugeben und unter Rühren karamellisieren lassen. Krokant abkühlen lassen, eventuell in Stücke brechen und die Torte mit Krokant und Himbeeren verzieren.

Außerdem

Butter für die Form

Zubereitungszeit: ca. 1 Stunde 30 Minuten (plus Backzeit, Gelierzeit und Zeit zum Ziehen)
Pro Stück ca. 477 kcal/1997 kJ

Johannisbeer-Clafoutis
mit Haselnüssen

Für 14 Stücke
(Tarteform 26 cm Ø

500 g schwarze Johannisbeeren
1 Vanilleschote
3 Eier
120 g Zucker
1 Prise Salz
100 ml Milch
4 El Mehl
1 Tl Backpulver
100 g gemahlene Haselnüsse

Außerdem
Puderzucker zum Bestäuben
Butter für die Form

Zubereitungszeit: ca. 30 Minuten (plus Backzeit)
Pro Stück ca. 171 kcal/716 kJ

1 Den Backofen auf 220 °C vorheizen, eine Tarteform mit Butter einfetten. Die Johannisbeeren waschen, trocken tupfen und entstielen. Die Vanilleschote mit einem Messer aufschneiden und das Mark herauskratzen.

2 Die Eier mit der Hälfte des Zuckers, Salz und dem Vanillemark schaumig schlagen. Die Milch unterrühren. Mehl mit Backpulver mischen und mit den Haselnüssen ebenfalls darunterrühren.

3 Die Johannisbeeren auf dem Boden der Form verteilen, den Teig darübergießen. Im Backofen ca. 35 Minuten backen, in der Form abkühlen lassen und mit Puderzucker bestäuben. Der Kuchen kann schon lauwarm mit 1 Klecks Crème fraîche serviert werden.

Apfelkuchen
mit Sahneguss

Für 12 Stücke
(Springform 24 cm Ø)

Für den Teig

75 g Magerquark
2 El Milch
3 El Sonnenblumen- oder Rapsöl
50 g Zucker
150 g Mehl
2 Tl Backpulver, 1 Prise Salz

Für den Belag

1 unbehandelte Zitrone
1 kg Äpfel, 2 Eier
75 g Zucker
50 g Speisestärke
250 g saure Sahne
1 Prise Salz
50 g Mandelsplitter

Außerdem

weiche Butter für die Form
Mehl für die Arbeitsfläche

Zubereitungszeit: ca. 40 Minuten (plus Zeit zum Abtropfen und Backzeit)
Pro Stück ca. 240 kcal/1005 kJ

1 Für den Teig den Quark in ein Sieb geben und ca. 30 Minuten abtropfen lassen, dann mit Milch, Öl, Zucker, Mehl, Backpulver und Salz zu einem glatten Teig verkneten.

2 Für den Belag die Zitrone heiß abwaschen, trocken reiben und 1 Teelöffel Schale dünn abreiben. Eine Hälfte auspressen. Die Äpfel schälen, vierteln, entkernen und das Fruchtfleisch in feine Scheiben schneiden. Mit dem Zitronensaft vermengen.

3 Die Eier trennen. Eigelb mit Zucker hellgelb und schaumig schlagen. Die Zitronenschale unterrühren. Dann abwechselnd Speisestärke und saure Sahne hinzugeben. Eiweiß mit Salz steif schlagen. Erst ⅓ unter die Eigelbmasse heben, dann den Rest.

4 Den Backofen auf 200 °C vorheizen. Eine Springform einfetten. Den Teig auf einer bemehlten Arbeitsfläche mit einem bemehlten Nudelholz etwas größer als die Form ausrollen. Den Teig in die Form legen und einen Rand formen. Die Apfelscheiben mit den Mandelsplittern über den Kuchen verteilen. Darauf die Saure-Sahne-Masse geben. Glatt streichen und auf der mittleren Schiene ca. 40 Minuten backen. Den Kuchen herausnehmen, 5 Minuten in der Form abkühlen lassen. Dann vorsichtig aus der Form lösen und vollständig erkalten lassen.

Birnentarte
mit Rosmarin

Für 8 Stücke
(große, ofenfeste Pfanne)

1 Zweig Rosmarin
400 g Birnen
4 El Puderzucker
2 El Öl
85 g Pinienkerne
1 frischer runder Blätterteig (32 cm Ø, aus dem Kühlregal)

Zubereitungszeit: ca. 25 Minuten (plus Backzeit)
Pro Stück ca. 239 kcal/1001 kJ

1 Den Backofen auf 220 °C vorheizen. Rosmarin abspülen und trocken tupfen. Die Nadeln abstreifen, fein hacken und 1 Teelöffel abmessen.

2 Die Birnen schälen, halbieren und die Kerngehäuse entfernen. Die Birnenhälften in 1 cm dicke Spalten schneiden.

3 Den Puderzucker in einer ofenfesten Pfanne hellbraun karamellisieren lassen. Birnen, Rosmarin, Öl und Pinienkerne in die Pfanne geben und unter Rühren von allen Seiten mit Karamell überziehen. Die Pfanne vom Herd nehmen.

4 Den Blätterteig auf den Pfanneninhalt legen und die Ränder an den Boden drücken. Die Tarte im Backofen 20–25 Minuten backen.

5 Tarte herausnehmen und nur kurz abkühlen lassen. Vorsichtig auf eine Tortenplatte stürzen, bevor der Karamell hart wird. Tarte warm oder kalt servieren. Dazu Schlagsahne reichen.

Traubenkuchen
mit Mascarpone

Für 12 Stücke
(Springform 26 cm Ø)

Für den Teig
80 g Butter
3 Eier
100 g Zucker
1 Prise Salz
120 g Mehl

Für den Belag
300 g Traubengelee
1 El Grappa
250 g Mascarpone
50 g Puderzucker
1 unbehandelte Zitrone (abgeriebene Schale und 1 El Saft
3 El Mandelblättchen
1 kg kernlose helle Weintrauben

Außerdem
Butter für die Form

Zubereitungszeit: ca. 45 Minuten (plus Backzeit und Zeit zum Abkühlen)
Pro Stück ca. 370 kcal/1549 kJ

1 Den Backofen auf 200 °C vorheizen. Den Boden einer Springform einfetten. Butter zerlassen, dann vom Herd nehmen. Eier trennen. Eigelb mit Zucker im heißen Wasserbad hellgelb und cremig aufschlagen. Eiweiß mit Salz steif schlagen. Mehl über die Eigelbcreme sieben, die gerade noch flüssige Butter hinzugießen und den Eischnee darüberhäufen. Nun alles behutsam, aber zügig verrühren.

2 Teig in die Springform füllen, glatt streichen und auf der mittleren Schiene ca. 30 Minuten backen. Aus dem Ofen nehmen, ca. 10 Minuten ruhen lassen. Dann aus der Form lösen und auskühlen lassen.

3 Das Traubengelee erwärmen und mit dem Grappa verrühren. Den Mascarpone mit Puderzucker, Zitronenschale und 2 Esslöffeln des Traubengelees in eine Schüssel geben und vermengen. 2 Esslöffel des Traubengelees auf den Teigboden streichen. Die Mascarponemasse daraufstreichen und gleichmäßig verteilen, dabei auch eine dünne Schicht auf den Rand streichen. Die Mandelblättchen ohne Fett leicht anrösten und den Kuchenrand damit verzieren. Den Kuchen bis zur weiteren Verwendung kühl stellen.

4 Die Trauben waschen und trocknen. Auf den Kuchen legen, dabei sanft in die Creme drücken. Das restliche Gelee nochmals erwärmen und über die Trauben träufeln. Bis zum Servieren kalt stellen.

Blaubeerkuchen
mit Sahneguss

Für 20 Stücke
(Backblech ca. 30 x 40 cm)

Für den Teig
200 g Magerquark
125 g Zucker
2 Eier
1 Prise Salz
9 El Öl
4 El Milch
500 g Mehl
1 P. Backpulver

Für den Belag
1 kg Blaubeeren

Für den Guss
2 Eier
200 g saure Sahne
100 g Zucker

Außerdem
40 g gehackte Pistazien zum Bestreuen
Fett für das Blech
Mehl für die Arbeitsfläche

Zubereitungszeit: ca. 30 Minuten (plus Ruhezeit und Backzeit)
Pro Stück ca. 160 kcal/670 kJ

1 Den Quark in einem Sieb abtropfen lassen und anschließend leicht ausdrücken. Mit Zucker, Eiern, Salz, Öl und Milch gut verrühren. Mehl und Backpulver mischen, sieben und zur Quarkmasse geben. Gut unterkneten, bis ein glatter Teig entsteht. Den Teig zu einer Kugel formen und in der abgedeckten Schüssel etwa 10 Minuten ruhen lassen.

2 Backofen auf 200 °C vorheizen. Backblech einfetten. Die Blaubeeren waschen, verlesen und abtropfen lassen. Den Teig nochmals mit den Händen durchkneten. Dann auf der leicht bemehlten Arbeitsfläche zu einem Rechteck ausrollen und das Backblech damit auslegen. Einen Rand hochziehen und leicht andrücken. Die Blaubeeren auf dem Teig verteilen und den Kuchen auf der zweiten Einschubleiste von unten etwa 40 Minuten backen.

3 In der Zwischenzeit für den Guss die Eier mit der sauren Sahne und dem Zucker verrühren. 20 Minuten vor Ende der Backzeit den Guss gleichmäßig auf den Blaubeeren verteilen. Sofort nach dem Herausholen die Pistazien auf dem noch heißen Kuchen verteilen. Auf dem Blech abkühlen lassen.

Apfelstrudel
mit Rumrosinen

Für 10 Stücke

Für den Teig
250 g Mehl
125 g weiche Butter
2 El Öl

Für die Füllung
125 g Butter
200 g Paniermehl
20 g Zimt
abgeriebene Schale von 1 unbehandelten Zitrone
1 kg Äpfel, z. B. Boskop
50 g Rosinen
3 El Rum
50 g gehackte Haselnüsse oder Mandeln
100 g Zucker

Außerdem
Puderzucker zum Bestäuben
Mehl zum Ausziehen des Teiges
Fett für das Blech

Zubereitungszeit: ca. 30 Minuten (plus Ruhezeit und Backzeit)
Pro Stück ca. 528 kcal/2210 kJ

1 Aus Mehl, Butter und 125 ml lauwarmem Wasser einen Teig bereiten und gut durchkneten. Den Teig mit 1 Esslöffel Öl bestreichen, zu einer Kugel rollen und an einem warmen Ort abgedeckt etwa 30 Minuten ruhen lassen. Auf ein bemehltes Tuch legen, etwas mit den Händen ausstreichen und mit dem restlichen Öl bestreichen. Den Teig mit beiden Händen ganz dünn auseinanderziehen.

2 75 g Butter in einem Topf schmelzen und das Paniermehl darin goldbraun rösten. Mit Zimt und Zitronenschale vermengen. Den Ofen auf 180 °C vorheizen. Die Äpfel schälen, entkernen und würfeln. Die Rosinen in Rum einweichen. Abwechselnd Paniermehl, Äpfel, gehackte Nüsse oder Mandeln und Rosinen auf den Teig geben. Dabei einen Rand frei lassen. Zucker über die Füllung streuen. Restliche Butter schmelzen. Den Teigrand mit etwas zerlassener Butter bestreichen, seitlich einschlagen und den Strudel mithilfe des Tuches aufrollen. Die Ränder fest andrücken und ebenfalls mit Butter bestreichen. Mit der Naht nach unten auf ein gefettetes Backblech legen.

3 Den Strudel im Ofen etwa 50 Minuten backen. Während des Backens mehrmals mit Butter bestreichen. Wenn der Strudel goldbraun gebacken ist, nochmals mit Butter bestreichen. Im Ofen noch etwa 20 Minuten ruhen lassen. Den warmen Apfelstrudel mit Puderzucker bestäuben.

Apfel-Gugelhupf
aus Quark-Öl-Teig

Für 16 Stücke
(Gugelhupfform 2 l Inhalt)

Für die Füllung
1 unbehandelte Zitrone
600 g Äpfel
75 g brauner Zucker
1 Prise Salz
1 Msp. Zimt
2 El Vanillepuddingpulver
100 ml Apfelsaft
50 g Mandelsplitter

Für den Teig
250 g Magerquark
125 g Marzipanrohmasse
75 ml Milch
125 ml Sonnenblumenöl
3 Eier
500 g Mehl
1 P. Backpulver

Für den Guss
250 g Puderzucker
2 El Zitronensaft

1 Den Backofen auf 180 °C vorheizen. Eine Gugelhupfform mit Butter ausstreichen und mit Mehl ausstäuben. Für die Füllung die Zitrone heiß waschen und trocken reiben. Die Schale fein abreiben und die halbe Frucht auspressen. Die Äpfel waschen, trocknen, schälen und vierteln. Die Kerngehäuse entfernen und das Fruchtfleisch klein würfeln. Sofort in einem Topf mit 1 Esslöffel Zitronensaft mischen. Zucker, Salz, Zimt und Zitronenschale unterrühren und alles unter Rühren ca. 2 Minuten dünsten. Das Vanillepuddingpulver mit dem Apfelsaft glatt verrühren. Zu den Apfelstücken geben, aufkochen und ca. 2 weitere Minuten kochen lassen, dann den Topf vom Herd nehmen, die Mandelsplitter unterrühren und die Masse abkühlen lassen.

2 Für den Quark-Öl-Teig den Quark in einem Sieb ca. 30 Minuten abtropfen lassen. Die Marzipanrohmasse in kleine Stücke schneiden und mit der Milch zu einer Creme pürieren. Den abgetropften Quark mit der Marzipanmilch, dem Öl und den Eiern mit den Knethaken des Handrührgeräts vermengen. Mehl und Backpulver mischen und über die Quarkmasse sieben. Zunächst mit den Knethaken des Handrührgeräts unter die Masse ziehen, anschließend alles auf einer bemehlten Arbeitsfläche mit den Händen zu einem glatten Teig verkneten.

3 Den Teig auf einer bemehlten Arbeitsfläche zu einem Rechteck (ca. 35 x 45 cm) ausrollen. Die Apfelmasse daraufstreichen und den Teig von der langen Seite her zusammenrollen. Die Teigrolle in die Gugelhupfform legen, leicht andrücken, sodass die Form unten vollständig gefüllt ist. Den Gugelhupf auf der mittleren Schiene ca. 60 Minuten backen. Den Kuchen nach erfolgreicher Stäbchenprobe aus dem Ofen nehmen. Kurz in der Form ruhen lassen, dann auf ein Kuchengitter stürzen und vollständig auskühlen lassen.

4 Für den Zuckerguss den Puderzucker in eine Schüssel sieben. Mit dem Zitronensaft und etwa der gleichen Menge Wasser zu einem dicken Guss verrühren. Den Gugelhupf damit einpinseln. Trocknen lassen.

Außerdem
Butter und Mehl für die Form
Mehl für die Arbeitsfläche

Zubereitungszeit: ca. 40 Minuten (plus Ruhezeit, Backzeit und Zeit zum Abkühlen)
Pro Stück ca. 342 kcal/1432 kJ

Käsekuchen
mit Mandarinen

Für 20 Stücke
(Backblech ca. 30 x 40 cm)

Für den Teig

300 g Quark
8 El Öl
2 Eier
100 g Zucker
400 g Mehl
1 Tl Backpulver
4 El Milch

Für den Belag

800 g Mandarinen aus der Dose
5 Eier
1 El Speisestärke
7 El Joghurt
1 Tl abgeriebene Schale von 1 unbehandelten Zitrone

Außerdem

Mehl für die Arbeitsfläche

Zubereitungszeit: ca. 25 Minuten
(plus Ruhezeit und Backzeit)
Pro Stück ca. 210 kcal/879 kJ

1 Den Quark in einem Sieb abtropfen lassen und anschließend leicht ausdrücken. In eine Schüssel geben und mit Öl, Eiern und Zucker gut verrühren.

2 Mehl und Backpulver mischen, sieben und die Hälfte davon unter die Quarkmasse rühren. Die restliche Mehlmischung dazugeben und sorgfältig unterkneten, bis ein glatter Teig entsteht. Zum Schluss die Milch dazugeben. Den Teig zu einer Kugel formen und etwa 10 Minuten in der abgedeckten Schüssel ruhen lassen.

3 Backofen auf 180 °C vorheizen. Ein Backblech mit Backpapier auslegen. Teig noch einmal mit den Händen durchkneten. Dann auf einer bemehlten Arbeitsfläche ausrollen und auf das Blech legen.

4 Für den Belag die Mandarinen abtropfen lassen. Die Eier trennen. Eigelb mit Stärke und Joghurt im heißen Wasserbad schaumig schlagen. Zitronenschale dazugeben. Eiweiß steif schlagen und mit den Mandarinen unter die Eigelbmasse heben. Alles auf den Teig streichen und auf der mittleren Schiene etwa 30 Minuten backen.

Kirschstrudel
mit Schuss

Für 12 Stücke

Für die Füllung

50 g Biskuitbrösel

1 El Kirschwasser

500 g entsteinte Kirschen aus dem Glas

Für den Guss

40 g Puderzucker

2–3 Tl Zitronensaft

Außerdem

300 g TK-Blätterteig

Mehl für die Arbeitsfläche

1 Eigelb zum Bestreichen

Zubereitungszeit: ca. 25 Minuten (plus Backzeit und Zeit zum Abkühlen)
Pro Stück ca. 168 kcal/702 kJ

1 Blätterteig auftauen lassen. Platten auf einer bemehlten Arbeitsfläche aneinanderlegen und zu einem Rechteck von ca. 50 x 35 cm ausrollen. In der Mitte einen ca. 8 cm breiten Streifen mit Biskuitbröseln bestreuen und mit Kirschwasser beträufeln.

2 Die Kirschen abtropfen lassen und auf die Biskuitbrösel legen. Teig oben und unten über die Kirschen legen und mit verquirltem Eigelb bestreichen. Die linken und rechten Teigseiten darüberschlagen.

3 Backofen auf 210 °C vorheizen. Strudel auf ein mit Wasser abgespültes Backblech setzen. Oberfläche mit restlichem Eigelb bestreichen und mit einer Gabel mehrmals einstechen, damit der Dampf beim Backen entweichen kann.

4 Den Strudel auf mittlerer Schiene ca. 25 Minuten backen. Abkühlen lassen. Für den Guss Puderzucker sieben, mit dem Zitronensaft verrühren und den Strudel damit bestreichen.

Tipp

Der Guss kann auch mit Kirschwasser anstelle von Zitronensaft angerührt werden.

Rezeptverzeichnis